Passer à l'action

Manuel à l'usage de ceux qui ont des idées géniales
et ne les réalisent jamais

Groupe Eyrolles
61, bd Saint-Germain
75240 Paris cedex 05

www.editions-eyrolles.com

Jacques Hillion

Dessins : Ifan Élix

Passer à l'action

Manuel à l'usage de ceux qui ont des idées géniales
et ne les réalisent jamais

EYROLLES

À Monique

Remerciements

Je remercie en premier lieu tous les patients qui m'ont honoré de leur confiance ; j'ai appris d'eux plus qu'ils ne le sauront jamais.

Je remercie le professeur Danis Bois pour la force de son enseignement et la générosité avec laquelle il transmet le fruit de ses recherches.

Je remercie également le docteur Marc Rondony pour sa généreuse participation, le docteur Élise Donval et le professeur Marc Humpich pour leur relecture et leurs conseils éclairés et éclairants.

Un grand merci à ceux qui m'ont soutenu et me soutiennent encore : Agnès, Jeanne-Marie, Nadine et tous les amis.

Et puis un merci spécial à celle qui est unique : Ève…

Ifan Élix remercie Laurence Crimson, Philippe Harel, Gérard Jugnot, Édouard Manet, Gérard Oury, Benoît Poelvoorde, Hubert Reeves et Auguste Rodin.

Table des matières

Avant-propos

La science a dû bien souvent modifier ses idées sur le mouvement : de même
n'apprendrons-nous que peu à peu que ce que nous appelons la destinée
ne vient pas du dehors à l'homme, mais qu'elle sort de l'homme même.
Rainer Maria RILKE

Ce livre, je le porte en moi depuis longtemps. Il a mûri au fil des rencontres liées à mon métier, il est un peu la restitution indispensable d'un savoir qui s'affine, l'aboutissement d'une évolution autant professionnelle que personnelle.

Initialement kinésithérapeute, je me suis constamment formé à de nouvelles techniques ; en cherchant des solutions pour mes patients, j'en ai aussi trouvé pour moi. Mes compétences ont évolué, certes, mais j'ai surtout découvert *qui* je pouvais être, au-delà de ce que je donnais à voir.

J'ai rencontré mon corps, ou plus exactement j'ai appris de lui, car notre corps possède un immense savoir ; ce savoir peut renouveler notre mode de pensée et, tout au long de notre existence, nous faire grandir. Apprendre de mon corps, apprendre à me connaître, mettre ma pensée en mouvement, tout cela a suscité en moi un *élan à vivre* dont je suis encore loin d'avoir optimisé toutes les ressources…

Cet élan m'a donné la capacité de réaliser mes actes, de me réaliser. Et plus le temps avance, plus j'apprends : je m'apprends, *moi* ; j'apprends à initier les orientations de mon existence. Je ne me contente plus de saisir les opportunités qui s'offrent à moi – ce que j'ai toujours fait avec un certain talent ! – mais j'éprouve et je réalise, je deviens moteur de ma vie, responsable en quelque sorte de mon destin.

Ce livre se veut un partage de cette expérience et de ces découvertes. Il est un témoignage, une matérialisation de cet élan nouveau. J'espère qu'il est aussi une aide pour repérer nos inerties, pour ne plus en être victime et pour progresser dans la concrétisation de nos projets. Il me permettrait ainsi de transmettre ce que j'ai gagné et de remercier mes patients pour l'exigeante confiance qu'ils m'ont témoignée et qui a contribué à ces conquêtes.

Après les études qui m'ont donné le titre de kinésithérapeute, j'ai continué à me former avec l'objectif de parvenir à une prise en charge plus globale du corps et de ses souffrances. J'ai, dans ce sens, abordé l'ostéopathie, le drainage lymphatique, la relaxation, et bien d'autres formations qui m'ont permis d'avancer dans mes recherches. Mais c'est surtout la fasciathérapie, mise au point par D. Bois dans les années 1980, qui a répondu à mes attentes, à ma quête d'une approche réellement globale de la personne.

La fasciathérapie m'a permis d'emblée de soulager efficacement le corps de mes patients, mais aussi d'apaiser leurs angoisses, de réguler leur stress, d'adoucir leurs difficultés relationnelles…

Au fil des années, le professeur Bois et son équipe ont considérablement approfondi et explicité l'impact psychologique de la fasciathérapie pour finalement donner naissance à la somato-psychopédagogie. Cette approche est une méthode d'aide aux personnes en difficulté, une technique d'accompagnement du changement qui s'appuie sur la sensibilité corporelle.

Dix ans de pratique et d'enseignement de cette démarche, d'amicales contributions, de fructueuses conversations ainsi que des lectures diverses m'ont permis petit à petit de pousser plus loin ma propre réflexion et de la préciser jusqu'à pouvoir, aujourd'hui, proposer sur cette question de l'inertie non seulement un point de vue étayé, mais aussi une démarche de prise en charge.

Les outils présentés dans le cadre de cette démarche ont fait leurs preuves là où ils ont été appliqués, sur ceux qui les ont utilisés. Et c'est ici précisément que se situe l'enjeu d'un travail sur l'inertie : faire usage d'outils avec l'objectif avoué de lutter contre son inertie, c'est déjà, d'une certaine façon, commencer à la surmonter.

Si, pour vous qui êtes concerné, ce livre suscite assez d'élan pour un premier pas, vous avez déjà gagné.

La suite consistera seulement à valider les effets de ce premier pas, en les accueillant, en les ressentant au plus près, en leur donnant vie dans ce qu'ils réclament spontanément : un deuxième pas…

Introduction

Nous recourons à deux stratégies en vue d'améliorer la qualité de notre vie :
nous attaquer aux conditions extérieures pour qu'elles s'harmonisent avec
nos buts ou modifier notre expérience intérieure, c'est-à-dire la façon
dont nous percevons et interprétons les conditions externes.
Mihaly CSIKSZENTMIHALY

Il est des situations où notre devise semble être devenue : « Ne fais pas aujourd'hui ce que tu peux remettre au lendemain ». Combien de fois nous arrive-t-il, pour un simple coup de téléphone à donner, de dire « Je vais le faire… », et de ne pas le faire ? Coller des petits papiers pour y penser ne change rien à l'affaire, et le phénomène n'a absolument rien à voir avec l'importance ou la gravité de ce coup de téléphone…

Qu'est-ce qui fait que, alors que nous nous sommes engagés sans problème à nous occuper d'une tâche bien ordinaire, mille choses plus importantes semblent nous solliciter ? Quelle est cette étrange lassitude qui nous envahit mystérieusement, et qui fait que nous ne cessons de biaiser, par exemple en appelant en dehors des horaires adéquats ? « Oui, oui, j'ai appelé, mais je suis tombé sur le répondeur… »

Si vous n'en avez pas fait vous-même l'expérience, vous avez sûrement eu l'occasion de voir un proche dans cette situation – subrepticement, mais résolument, incapable de réaliser une action en apparence parfaitement anodine. Tout se passe alors comme si s'exerçait une force d'inertie insurmontable, inexplicable mais bien réelle, vouant à l'échec toute tentative d'action.

De fait, c'est bien d'inertie qu'il s'agit ; le terme d'inertie désigne ici tout à la fois l'état d'inaction et la force qui s'oppose à la mise en action — c'est du moins sa manifestation la plus courante.

L'inertie est une réaction normale, presque physiologique ; elle se manifeste ici ou là par de petites esquives des tâches qui nous rebutent, par de discrets renoncements, voire par une franche réticence à bousculer notre confort. Mais il en va de l'inertie comme de tout comportement dit normal : la normalité s'arrête lorsque ce comportement devient systématique.

Nous allons nous intéresser ici à cette inertie qui, parce qu'elle est systématique, devient un véritable handicap au quotidien : celle qui est faite de tous ces travers, évidents ou insidieux, constants ou événementiels, qui entravent nos actions, nos entreprises ; tous ces louvoiements, ces tergiversations qui retardent à jamais l'exécution de nos décisions majeures ou anodines ; tous ces freins invisibles qui font que quelque chose, en nous ou dans notre vie, ne parvient pas à changer...

Car, même si on en parle peu, l'inertie est, pour chacun de nous, une véritable souffrance.

On en souffre parce qu'elle est une incapacité à réaliser nos idées, une entrave à notre créativité, un renoncement quotidien à nos rêves, des plus sages aux plus fous.

On en souffre parce qu'elle nous prive de la vitalité qui naît d'une action réussie et du plaisir de sa réalisation, du juste bonheur d'un projet accompli. On en souffre parce qu'elle génère ainsi frustration et fatigue, parfois jusqu'au découragement.

L'inertie est-elle donc une fatalité, s'opposant par son essence même à toute action qui vise à la surmonter ?

Si tel était le cas, ce livre n'aurait pas lieu d'être. Simplement, dans la mesure où elle a tendance à saper toute volonté de la résoudre, l'inertie ne saurait être abordée comme n'importe quelle problématique de vie. Il nous faut l'apprivoiser pour mieux la connaître, la comprendre pour mieux nous l'approprier et en atténuer les effets négatifs. Alors, et alors seulement, nous pourrons entreprendre de la faire évoluer, de *nous* faire évoluer. Aussi, puisqu'il est clair que la volonté ne suffit pas, il nous a semblé judicieux de proposer une approche originale et progressive du problème.

Bien sûr, nous allons tout faire pour nous mettre dans les meilleures conditions possibles et nous assurer, au moins, d'être opérationnels. Il nous suffira pour cela d'intervenir sur des petites choses du quotidien – ces petites choses qui endorment notre vigilance, érodent notre volonté, amoindrissent nos forces vives ; ces petites choses, plus extérieures qu'intérieures, que l'on nomme circonstances.

Mais notre projet est avant tout de pénétrer l'antichambre de nos actes, d'y découvrir par quelle étrange absence se perd le lien entre notre vouloir et notre agir, et d'y renouer le fil d'une histoire qui voit le désir devenir acte.

Il ne s'agit plus d'effort ou de volonté, mais d'optimiser notre potentiel, d'assouplir notre rapport à la contrainte et de savoir capter l'élan d'agir précisément quand il se manifeste. En effet, il est plus facile de commencer par changer notre rapport aux choses plutôt que de vouloir d'emblée changer les choses elles-mêmes.

En *éprouvant* nos actes – dans tous les sens du terme – nous nous approprions notre façon d'agir et nous la faisons évoluer ; nous nous offrons d'évoluer.

3

Le reste n'est que découverte et enrichissement. C'est bien ce qui est étonnamment savoureux : au fur et à mesure que notre rapport à l'action change, qu'une proximité plus grande à nous-même nous donne de l'assurance, nous voyons aussi évoluer quelques-unes de nos représentations, y compris et surtout notre conception de l'inertie. Car un rapport plus perceptif et plus direct aux choses permet, ainsi que l'écrit J.-T. Desanti, *d'entamer l'inertie* : « L'inertie massive des "choses", certes. Mais aussi et davantage l'inertie persistante des croyances, des institutions, des mots, et encore des formations compactes d'énoncés et d'idées nommées "conceptions du monde" ».[1]

---

1. Desanti J.-T., *Introduction à la phénoménologie*, Folio essais, 1994.

PREMIÈRE PARTIE

Vous avez dit inertie ?

1

À quoi reconnaît-on l'inertie ?

Déjà ces lents, ces tranquilles naufrages
Déjà ces cages qu'on n'attendait pas
Déjà ces discrets manques de courage
Tout ce qu'on ne sera jamais, déjà

J.J. GOLDMAN

Définir une chose, c'est lui donner un contour, c'est dire où cette chose commence et où elle s'arrête. En traçant la frontière entre ce qu'elle est et ce qu'elle n'est pas, on se donne le moyen de faire reculer cette frontière, et de rendre vivante, c'est-à-dire évolutive, notre définition première.

Il en va ainsi de l'inertie ; il nous faut la définir pour savoir de quoi l'on parle, mais définir n'est pas un but en soi. L'intérêt sera surtout de voir comment la faire évoluer, comment en modifier suffisamment les contours pour faire mentir notre définition initiale.

Petites esquives au quotidien

Au cours de la rédaction de ce livre, j'ai été frappé par une chose : chaque fois, ou presque, que je mentionnais le thème de l'ouvrage, j'obtenais une réaction d'intérêt immédiat de la part de mon interlocuteur – soit qu'il le prenne pour lui-même, soit que le sujet lui évoque immédiatement quelqu'un de son entourage à qui ce livre serait bien utile !

Il m'est apparu que de nombreuses personnes ont des difficultés de mise en action ; ces difficultés prennent des formes si différentes et touchent des secteurs de vie tellement variés qu'il est difficile de les regrouper sous un terme générique. Et pourtant, toutes ces personnes se sentent bel et bien concernées quand on leur parle d'inertie.

L'inertie est un comportement naturel. Personnellement, je retarde facilement le moment d'une confrontation que je pressens désagréable et je rechigne souvent à m'engager dans une action qui me rebute. Cela me semble humain... Il n'y a rien de surprenant à faire traîner la mise en œuvre d'une tâche ingrate ou rébarbative, d'avoir un temps d'hésitation avant de quitter le confort d'une situation acquise.

Lorsqu'un ordre parental vient les déranger, les enfants ne savent-ils pas très bien faire la sourde oreille suffisamment longtemps et innocemment pour terminer leur jeu ?

Dans les faits, la procrastination – la tendance à toujours remettre au lendemain ce que l'on doit faire – est un comportement fort répandu. C'est une des formes d'inertie les plus courantes ; je ne pense pas qu'il nous faille chercher bien loin dans notre entourage ou dans notre mémoire pour en trouver un exemple.

Il arrive aussi qu'une stratégie inertielle relève d'un contexte ou d'un entourage particulier.

Je me souviens d'une voisine, Suzanne, petite femme douce et un peu effacée, qui était mariée à un homme à la personnalité imposante ; dans leurs discussions, ses arguments volaient en éclats devant les certitudes ou la fermeté des propos de son mari. Même ses convictions les plus fermes et les plus solides étaient balayées par l'argumentation méthodique et rigoureuse de son conjoint. Sa seule solution pour ne pas disparaître – car être nié en permanence peut finir par vous faire disparaître – était d'avoir recours à l'inertie. Elle semblait toujours acquiescer ; mais en réalité, si elle avait l'intime conviction qu'elle avait raison, elle s'accrochait à son idée comme une bernique à son rocher. Elle disait oui sans pour autant concrétiser, et, faisant du temps son allié, finissait dans les faits par imposer ses vues.

C'est une question de survie : il s'agit là, plus que d'une réelle inertie, d'une stratégie adaptée à un environnement particulier – si tant est qu'un mari un peu trop sûr de lui puisse être qualifié d'environnement particulier.

Généralement, on qualifie d'inerte un individu indolent, apathique, peu enclin à prendre des initiatives, quelqu'un qui n'agit pas. Mais, dans le concret, l'inertie peut s'exprimer de mille façons et avec une intensité infiniment variable.

Une de ses formes les plus anodines est la propension à reculer devant l'obstacle. Dès qu'une tâche apparaît un tant soit peu contraignante, inconfortable ou risquée, les symptômes de l'inertie apparaissent ! La personne développe alors, d'une manière qu'on peut qualifier « d'inconsciemment délibérée », voire de « délibérément inconsciente », des trésors d'ingéniosité pour ne pas affronter la situation ; elle va littéralement se « tortiller » pour ne pas faire une chose qu'elle s'est engagée à faire.

Si l'occasion s'en présente, n'hésitez pas, l'observation de ce type de comportement est proprement fascinante. D'un côté, une tâche en apparence anodine ; de l'autre, une personne qui ne l'a pas refusée. À l'arrivée, des jours et des jours de manœuvres d'évitement, de justifications diverses et variées (inerte soit, mais créatif…), de réponses du type :

« Non, je n'ai pas eu le temps… » – alors qu'on sait pertinemment que ce n'est pas le temps qui a fait défaut.

Paradoxalement, il en résulte une débauche d'efforts bien supérieure à ce qu'aurait nécessité l'action ainsi évitée…

Certains ne se donnent même pas cette peine et se contentent de remettre au lendemain, jusqu'à ce que quelqu'un d'autre agisse à leur place, ou que tout simplement le temps et l'oubli accomplissent leur œuvre salvatrice.

Si vous êtes patient et qu'avec un peu de chance vous avez affaire à une inertie de premier choix, vous pourrez observer le processus d'évitement pendant des mois et des mois.

L'intérêt de cette observation est bien sûr de nous permettre de contempler chez d'autres nos propres travers…

Inertie ? Quelle inertie ?

Dans un sens général, l'inertie est tout simplement l'absence de mouvement, d'activité, le manque d'énergie ; c'est la définition la plus évidente et la manifestation la plus courante de l'inertie chez l'humain.

Nous sommes en fait confrontés en permanence à l'inertie ; c'est justement pour cela que nous n'y prenons plus garde. Dans *Le sens du mouvement*, son ouvrage consacré à la physiologie de l'action chez l'homme, le professeur Berthoz nous dit d'emblée : « On ne peut rien comprendre au fonctionnement du cerveau si l'on ne sait pas que son problème principal est de mettre en mouvement des masses. Au lieu de parler de masse, on peut parler de moment d'inertie, c'est-à-dire de ces forces considérables ou complexes qui apparaissent dès qu'une masse est en mouvement ».[1]

---

1. Berthoz A., *Le sens du mouvement*, Odile Jacob, 1997.

L'inertie à laquelle se réfère l'auteur est celle qui s'exerce sur notre corps lors d'un mouvement ou d'un geste, c'est-à-dire une action toute simple ; mais cette inertie est tout aussi présente lors d'une action plus complexe ou prolongée, telle qu'une attitude ou un comportement.

Toutefois, aussi fréquente qu'elle soit, l'inertie est rarement repérée et nommée comme telle. En effet, quand il s'agit de ne pas faire les choses, la personne va trouver une bonne raison et mettre en place une argumentation étayée ; elle place le débat sur la justification de l'action elle-même, et de ce fait élude toute mise en cause de ses propres capacités d'action.

Mais alors, comment définir l'inertie ?

En chimie, un corps est dit inerte lorsqu'il ne joue aucun rôle dans une réaction donnée : il est vrai que cette caractéristique se retrouve dans l'alchimie des relations humaines.

En physique, on parle d'un *état d'inertie* lorsque la somme des forces qui s'appliquent sur une masse est nulle. Résultat : soit cette masse est immobile, soit elle poursuit le mouvement qu'elle avait initialement, selon une trajectoire devenue rectiligne et uniforme.

Ce qu'on appelle *force d'inertie* est une force qui s'oppose à la mise en route ou à l'arrêt d'un mouvement, ainsi qu'à tout ralentissement ou accélération de celui-ci. La force d'inertie d'un objet est proportionnelle à sa masse : ainsi, en terrain plat, pousser une voiture en panne demande nettement plus d'efforts que pousser un vélo. C'est une loi de la physique : une masse réduite est facile à mettre en mouvement, une masse importante présente une grosse inertie.

D'autre part, l'inertie est aussi ce qui s'oppose à l'arrêt du mouvement. Vous avez peiné pour pousser votre voiture, elle a fini par démarrer ; vous roulez tranquillement, lorsqu'un obstacle surgit : vous freinez à

© Groupe Eyrolles

fond, mais l'arrêt n'est pas immédiat... Alors que la vivacité de vos réflexes a totalement compensé l'inertie de vos décisions, c'est votre voiture qui poursuit son mouvement au-delà des limites souhaitées ! Vous êtes simplement de nouveau confronté à son inertie...

Celle-ci dépend de la vitesse du véhicule et de sa masse. Elle se matérialise par la distance de freinage – ou, au pire, par l'importance de l'enfoncement de votre carrosserie.

Ainsi, en physique, la force d'inertie qui s'exerce sur un corps est maximale à sa mise en route et à son arrêt.

Même si elles obéissent à des lois autrement plus mystérieuses que la vitesse et la masse, on retrouve ces deux formes d'inertie dans le comportement humain. La plus courante, la plus évidente, est l'incapacité à se mettre en action, à réaliser une tâche ou un projet. L'autre, moins souvent reconnue, est l'incapacité à s'arrêter.

Il peut nous arriver de maintenir et de prolonger une activité, alors même que l'on sait être dans la mauvaise direction et qu'on se dirige droit dans une impasse. Nous n'agissons plus en fonction de notre objectif, mais bien pour éviter d'être confrontés à des choses désagréables.

D'une manière générale, on peut donc définir l'inertie comme étant une résistance, un frein à un changement d'état.

Cela s'applique aussi bien à l'incapacité de passer d'un état statique à un état dynamique que l'inverse. Il est tout aussi facile de fuir dans l'inaction que de se réfugier dans l'action, de se « noyer dans le travail ».

Rappelons-le, ce mécanisme peut être physiologique au départ. Mais le propre de ce qui est physiologique est son caractère réversible ; au-delà d'un certain temps, il devient pathologique. Il n'est, par exemple, pas surprenant de voir une personne se plonger dans le travail le temps de digérer la perte d'un proche : elle comble par ce biais un vide brutal et douloureux. Il est nettement plus préoccupant, en revanche, de voir quelqu'un se refermer sur lui-même, se réfugier dans le travail pour ne pas regarder en face le vide chronique de son existence.

L'inertie, un symptôme parmi d'autres

Si nous poursuivons notre recherche, le dictionnaire nous dit aussi : est inerte ce qui ne fait aucun des mouvements qui décèlent habituellement la vie. Cette définition, quoiqu'un peu extrême, suppose que l'inertie peut s'exprimer différemment dans chacune des manifestations de la vie. Elle nous invite à la considérer dans une perspective plus large, notamment dans le cadre de la pathologie.

De fait, l'homme est un être agissant et son organisme se compose de différents systèmes – système nerveux, locomoteur (les muscles et les articulations), système cardiovasculaire, digestif et bien d'autres – qui tous ont leur rôle à jouer dans la mise en action. Il existe ainsi de multiples mouvements qui révèlent la vie, et donc de multiples formes d'inertie ; toute atteinte d'une fonction du corps, toute pathologie, perturbe la mise en action et présente donc une certaine forme d'inertie parmi ses symptômes. Par exemple, une simple entorse suffit à mettre en péril nombre de nos activités habituelles ; de même, des troubles respiratoires ou circulatoires pénalisent notre capacité d'action.

> Nadège, atteinte d'hépatite, souffre des symptômes habituels de sa pathologie et de la lourdeur des traitements. Mais elle est aussi mise en difficulté par l'obligation de ralentir son rythme d'action ; d'un tempérament actif, elle est sans cesse rappelée à l'ordre par son organisme qui lui impose une cadence de vie plus posée et de nécessaires plages de récupération. « Ce qui est difficile, me confie-t-elle, c'est que cela ne se voit pas. Mon entourage ne le sait pas et moi-même j'aurais tendance à l'oublier si je ne me heurtais pas à cette fatigue intérieure qui me freine sans arrêt. »

Plus subtils, des troubles hormonaux peuvent perturber l'humeur et le rapport à l'action de façon fort insidieuse…

Il existe par ailleurs des pathologies dont l'inertie est un symptôme évocateur : c'est le cas par exemple de la fatigue chronique[1], qui nécessite un suivi médical en plus de l'approche proposée ici. Les pathologies addictives, comme l'alcoolisme, comportent également une part d'inertie : la personne qui en est victime est bien incapable d'en arrêter le processus.

Dans la dépression, l'inertie est un symptôme majeur. Combien de patients dépressifs m'ont confié que le simple fait de devoir poser le pied

---

1. Pour en savoir plus, se reporter à l'adresse du site de l'association française du syndrome de fatigue chronique et de fibromyalgie figurant en fin d'ouvrage.

17

hors du lit le matin, au réveil, était un effort insurmontable ! Pour ces patients, la souffrance naît notamment du décalage entre un désir sincère de se bouger, de « s'en sortir », et une inertie de plomb qui annihile tous leurs efforts.

Enfin, on repère parfois l'inertie sous la forme d'altérations de la personnalité, d'un mal-être, ou encore sous la forme de complexes qui expriment l'inertie ou qui en sont la conséquence, tels que les sentiments d'infériorité, de découragement, de honte ou encore d'anxiété.

Tout cela nous permet déjà d'envisager l'inertie comme un symptôme, une expression de notre rapport à la vie.

Un mal parfois profond

Toutefois, la forme d'inertie la plus répandue, la plus ordinaire et la plus handicapante au quotidien, reste bel et bien la difficulté à se mettre en action. Cette confidence résignée d'une patiente me semble bien résumer ce que l'on peut ressentir dans ces moments-là : « Pour réaliser quelque chose, j'ai l'impression qu'il me faut déployer dix fois plus d'efforts que n'importe qui ! » Qui n'a pas connu l'infinie récurrence de ce phénomène n'a aucune idée du découragement qu'il peut engendrer à la longue. Un tel sentiment d'impuissance vous envahit qu'il crée à l'intérieur de vous un mélange de rage et d'abattement si parfait que rien n'en sort.

L'inertie peut également revêtir des formes plus discrètes et moins néfastes en apparence. Il existe ainsi des inerties de la pensée, soit que la réflexion tarde à s'engager – on sent bien qu'on devrait se poser des questions, mais on fait comme si... – soit que la pensée ait une tendance fâcheuse à toujours poursuivre sur sa lancée, à s'auto-entretenir dans des mécanismes stériles. Ressasser sans fin des griefs envers une personne qui vous a fait du tort est un exemple d'inertie. Lorsqu'un patient se présente à moi avec ce symptôme, j'essaie de le mettre en situation de capter les effets négatifs que cette pensée produit à l'intérieur de lui-même ; cette simple prise de conscience suffit souvent à enrayer le mécanisme.

Reconnaissons aussi que l'inertie révèle un travers très répandu, une propension tristement banale et commune à « protéger nos petites habitudes ». En fait, l'inertie est pratiquement toujours liée à la menace de la perte d'un confort ; et quand il s'agit d'un confort de vie, force est de reconnaître que nos attitudes manquent singulièrement de grandeur.

La vie est courte, et de plus (en Occident en tout cas) on n'en a qu'une ; malheureusement, cela ne nous empêche pas de nous comporter comme si nous avions l'éternité devant nous, de tergiverser ou de regarder ailleurs à chaque fois qu'un réajustement en profondeur serait nécessaire.

Combien de rêves évanouis, de grands projets avortés, d'idées géniales abandonnées pour de petites peurs, de mesquines raisons et de convenables prétextes ? Ce type d'inertie, nous le connaissons tous. Il faut simplement savoir où s'arrête la tolérance et où commence la compromission, y compris envers soi-même.

Anthropologie de l'inertifié

Dans tout acte volontaire, il y a deux éléments bien distincts : l'état de conscience, le « Je veux, » qui constate une situation, mais qui n'a par lui-même aucune efficacité ; et un mécanisme psychophysiologique très complexe, en qui seul réside le pouvoir d'agir ou d'empêcher.
Théodule RIBOT

Maintenant que nous commençons à mieux cerner l'inertie, intéressons-nous à la personne, au sujet, à celui chez qui elle s'incarne. Cette personne, dont l'inertie contrecarre les projets et inhibe les actes, nous la désignerons par le néologisme « inertifié » – le terme inerte nous ayant paru quelque peu déprimant.

Portraits d'inertifiés

De même qu'il existe différentes expressions de l'inertie, il existe différents profils d'inertifiés ; en voici quelques portraits parmi les plus représentatifs, la liste n'étant bien sûr pas exhaustive.

L'occasionnel

L'inertie n'est pas forcément systématique. Chez la personne qui en souffre, elle peut être événementielle, n'apparaître que dans certaines situations et à l'encontre de certains types d'actes. Pour peu que le contexte change ou que la nature de la tâche soit différente, une personne incapable d'accomplir une action précise peut réaliser des choses apparemment plus difficiles.

Ainsi, j'ai vu un de mes amis prononcer avec aisance un discours devant une assemblée venue pour l'écouter, et préférer le lendemain chercher son chemin au hasard plutôt que d'oser demander de l'aide à un passant.

Dans certains cas, l'inertie se résume à une absence d'initiative – au sens où la personne ne parvient pas à initier elle-même ses actes.

Madame P. est ce qu'on appelle une employée modèle ; efficace, conscien-cieuse, elle abat un ouvrage considérable. Elle est fort appréciée sur son lieu de travail. Il y a quelque temps, pourtant, l'absence de sa supérieure hiérarchique habituelle l'a placée dans une situation très délicate. Alors que celle-ci lui indiquait toujours ce qu'elle devait faire, sa remplaçante ne donnait que très peu d'ordres et laissait une grande liberté à ses collaborateurs. « Certains se sont réjouis de cela, mais je me suis trouvée, pour ma part, en grande difficulté. Le simple fait de ne pas savoir par où commencer me paralysait. J'ai pris du retard, perdu de l'efficacité ; au bout de quelque temps, j'ai commencé à me sentir moins en confiance, et même à paniquer. »

Je peux confirmer en effet que Madame P. présentait tous les signes d'un stress avancé lorsqu'elle est venue me voir.

Dans ce cas particulier, c'est la notion de responsabilité qui est inhibitrice ; tant qu'une autre personne assume les décisions et la guide, Madame P. est parfaitement active et efficace.

Autre circonstance du même ordre où la responsabilité peut générer de l'inertie : l'implication personnelle. Certaines personnes sont beaucoup plus performantes lorsqu'elles œuvrent pour autrui que lorsqu'elles agissent pour leur propre compte. Le monde humanitaire, par exemple, attire parfois des gens qui, au service des autres, montrent des compétences qu'ils n'avaient jamais révélées dans leur propre quotidien.

> Édouard, que j'ai côtoyé en marge de mon activité professionnelle, en était un parfait exemple. Dans l'exercice de son métier, il se reposait sur ses acquis. Cantonné dans une routine dont il ne parvenait pas à sortir, il peinait souvent à joindre les deux bouts en fin de mois. Au contraire, en tant que bénévole au sein d'une association de quartier, il témoignait d'une efficacité et d'une inventivité rares. Il avait des idées pour renflouer les caisses et décrochait des contacts inespérés pour promouvoir les objectifs de l'association. Il savait parfaitement prendre les initiatives qui lui faisaient tant défaut dans son exercice professionnel.
>
> Il le reconnaissait volontiers : « Quand il s'agit de l'association, je me sens plus sûr de moi. Je fais toutes ces choses sans que cela me soit un effort ; au travail, aussi dingue que ça paraisse, je n'y arrive pas. Je ne crois pourtant pas manquer de motivation... »

Toutefois, avant de reprocher à quelqu'un son inertie, il convient de s'assurer qu'il possède les compétences requises pour ce qui lui est demandé : derrière une apparente inertie se dissimule parfois tout simplement une incompatibilité entre les exigences d'un poste et les compétences de celui qui l'occupe.

Le créatif

Le plus souvent, l'inertie se traduit par l'absence de réalisation ; pour l'inertifié créatif, il ne s'agit pas nécessairement de tâches à accomplir, mais plutôt des idées et des projets qu'il élabore.

Cette forme-là n'est pas bien grave non plus ; elle est surtout frustrante pour l'entourage, car l'inertifié n'hésite pas, en toute sincérité, à faire part de ses projets, en expliquant au besoin comment il va s'y prendre pour les réaliser.

Ce sont les inertifiés les plus magnifiques : intelligents, créatifs, ils vous font part de leurs idées et de leurs projets avec un tel luxe de bonnes raisons et d'explications qu'on y croit à chaque fois. On trouve l'idée excellente, on la voit déjà réalisée. Hélas !

C'est un fait notable : chez ce type d'inertifiés, il est fréquent que la créativité soit proportionnelle à l'inertie. Chez certains artistes par exemple, l'imagination est totalement débridée et galope dans toutes les directions. Certes, il faut suivre son inspiration – mais cela devient handicapant lorsqu'on n'attend pas qu'une œuvre soit réalisée, ou même simplement ébauchée, pour continuer à imaginer de nouveaux projets, lancer de nouveaux défis... sans jamais rien mener à terme.

Agathe est une personne que j'ai eue en formation ; sans avoir de véritable suivi thérapeutique avec elle, j'ai eu l'occasion de l'aider de temps en temps et je connais donc son histoire. Quand je l'ai rencontrée, Agathe était dans une situation difficile, apparemment victime d'un ex-mari indélicat – et d'un contrat de mariage inapproprié – qui l'avait entraînée dans des projets risqués. Loin d'être abattue par sa situation d'endettement, elle fourmillait d'idées pour se tirer d'affaire. Au début, je l'ai encouragée, car ses projets me paraissaient enthousiasmants ; mais je me suis vite rendu compte qu'elle en avait de nouveaux à chacune de nos rencontres.

En fait, elle en restait toujours au stade de la mise en route. Un projet était chassé par l'autre avant d'avoir pu aboutir. Elle semblait mener deux vies parallèles : l'une, concrète, où elle vivait d'allocations diverses et de petits boulots ; l'autre, coupée de la réalité, où elle échafaudait des projets professionnels extrêmement gratifiants, mais sans concrétisation.

Le plus frustrant dans l'histoire était l'extrême ingéniosité et pertinence de ces projets incessants, ainsi que la sincérité avec laquelle elle partageait ses idées.

L'épicurien

C'est un profil que l'on rencontre très souvent, et qui s'exprime de façon plus ou moins intense.

On trouve fréquemment à sa base un tempérament indolent, une certaine propension à se laisser vivre et à profiter des opportunités de la vie – cette qualité compensant un peu l'inertie.

C'est l'inertifié épicurien[1], au sens le plus commun du terme. Son optique semble être de profiter, de jouir des choses en évitant soigneusement les risques et les problèmes. Il a des critères d'appréhension du monde qui lui sont propres ; il fuit l'effort et la contrainte. Chez lui, l'inertie s'exerce à l'encontre de tâches apparemment anodines. Mais les sont-elles vraiment ? Consciemment ou non, quelque chose le rebute profondément dans ce qu'il a à faire.

L'inertifié épicurien n'est pas vraiment fiable ; il fait rarement ce qu'il dit ou ce qu'on lui confie. Au bout d'un certain temps, son entourage s'en rend compte ; d'abord déconcerté, il passe progressivement du trouble à une franche exaspération.

De fait, l'inertifié épicurien ne souffre pas forcément de son inertie. La façon dont il l'accepte et la vit dépend beaucoup de la pression de son entourage, et de l'image que ce dernier lui renvoie.

---

1. Épicure est un philosophe qui préconise un plaisir mesuré, consistant en la satisfaction des désirs naturels *et* nécessaires ; il recherche la sérénité – absence d'inquiétude, d'agitation de l'âme – qui est le fruit d'un discernement réfléchi.

Néanmoins, au fil du temps, il peut finir par éprouver une sensation de passer à côté de sa vie, un sentiment d'échec un peu flou, et son estime de soi se met à vaciller…

Ne souffrant pas de leur inertie, les inertifiés épicuriens ne consultent pas, du moins pas pour ce motif-là. Ils ne font pas grand-chose pour s'améliorer et sont parfois un peu pesants pour leur entourage professionnel. En revanche, dans le cadre d'une relation purement amicale, ce sont des personnes qui sont très agréables à vivre, souriantes et détendues – tant qu'on n'a pas besoin qu'ils réalisent quelque chose pour nous.

> Edwige et Luc forment un couple assez contrasté sur ce plan : Edwige est le moteur de la maison ; c'est elle qui prend les initiatives et s'occupe des démarches administratives en plus de son emploi. Tout cela ne se fait pas sans une certaine pression ; c'est ce qui la conduit parfois à reprocher à Luc son inertie. Sauf en période de vacances ! Car Luc a alors une fonction particulière : il passe son temps à la soulager de la pression, à alléger les choses. Seule sa façon de ne rien faire et de savourer la vie apaise Edwige, et lui permet de se mettre véritablement en vacances.

C'est le bon côté des inertifiés épicuriens ; lorsque nous avons besoin de nous reposer, leur façon de vivre et leur rapport à l'existence en font des compagnons de vacances à l'inertie contagieuse et appréciable… dans ce contexte précis !

Le râleur

Dans certains cas, l'inertifié peut avoir une assez haute opinion de lui-même, et donc de ses idées. Comme celles-ci sont excellentes mais ne se réalisent jamais, son seul recours est alors d'incriminer l'extérieur ; c'est l'inertifié victime : les collaborateurs sont incompétents, le système est stupide, on fait tout pour entraver les gens entreprenants et puisque c'est comme ça, qu'ils se débrouillent.

Ce qui se passe effectivement : on se débrouille très bien sans lui, car nul n'est indispensable et surtout pas un râleur improductif.

Tout passage à l'acte entraîne obligatoirement une évaluation : cet élément sous-tend très souvent l'inertie. Chez l'inertifié victime, il prend une importance excessive, car celui-ci, sans en être conscient, craint particulièrement d'être évalué.

Du coup, il réalise peu, tout en étant sincèrement persuadé que ce sont les circonstances qui l'empêchent de mettre en œuvre ses idées « géniales ». Il se sent incompris, voire victime des autres ; c'est ainsi qu'il en vient à leur en vouloir.

Dans le domaine de l'idée ou du projet, il est assez facile de paraître génial : il suffit d'argumenter et de convaincre. Tant qu'elle reste abstraite, une bonne idée est toujours une bonne idée.

Par exemple, voir ce qui ne va pas dans ce que font les autres est très facile, savoir ce qu'il faudrait faire, éventuellement ; mais être à même de le faire, c'est autre chose. Reconnaître que quelqu'un chante faux ou écrit mal ne signifie absolument pas que l'on chante juste soi-même ou que l'on est un génie de l'écriture.

C'est sans doute pour cela qu'il existe autant de critiques professionnels...

Passer à l'acte, réaliser une bonne idée, c'est s'exposer à la déconvenue, prendre le risque de montrer aux autres et à soi-même que l'on est soumis aux mêmes difficultés que tout le monde, et, finalement, peut-être pas si malin...

L'inertifié victime consulte rarement sous le motif de son inertie, car il ne la reconnaît pas d'emblée. Pour lui, le problème vient des autres, il est un incompris ! Cependant, la situation relationnelle génère rapidement des tensions qui lui sont difficiles à supporter. Ainsi, Robert est venu me voir initialement pour des problèmes de dos. Au fur et à mesure qu'elles cédaient, il a réalisé l'importance des tensions qui le bloquaient ; il s'est alors posé la question de leur origine. En état d'hypertonie musculaire quasi permanente, il avait une marge d'adaptation au stress qui était de plus en plus réduite.

Le premier constat de Robert fut de s'apercevoir du cercle vicieux dans lequel il se trouvait : « Je me sens frustré parce que je n'arrive pas à faire ce que j'ai à faire et cela m'irrite ; du coup, je vis très mal la moindre remarque de mes collègues, auxquels je réponds souvent de manière agressive. Je le regrette après, mais le mal est fait, et eux-mêmes me supportent de moins en moins. »

Robert a mis du temps à reconnaître son inertie. Il a d'abord fallu que les tensions diminuent suffisamment pour qu'il puisse prendre du recul et observe son propre mode de fonctionnement. « Je crois qu'inconsciemment je me sentais menacé, en danger, car je redoute que mes collègues remettent mon travail en question.

En fait, alors que je donne en permanence l'image inverse, je ne suis pas du tout sûr de moi. »

C'est notamment ce manque de confiance en lui qui empêchait Robert d'accepter son inertie.

Le dépressif

Dans les cas graves, la personne victime d'inertie voit sa situation générale se dégrader. Dans son expression extrême, cette forme peut aboutir à *l'inertifié dépressif* ; véritable psychasthénique, celui-ci doit déployer des efforts considérables pour des actions qui nous semblent très ordinaires. Son inertie perturbe sa vie professionnelle et sa vie sociale. Plus la situation se dégrade, plus l'effort à fournir pour redresser la barre devient insurmontable et plus la perspective même de cet effort devient angoissante.

Ainsi, Joël a laissé sa situation se dégrader, plus par négligence que par incompétence. Dans un premier temps, la relation avec son amie se gâte, mais il pratique la politique de l'autruche, minimise le problème et attend que « ça s'arrange ». Malheureusement, ça ne s'arrange pas, et il se retrouve seul.

Par la suite, Joël, qui est travailleur indépendant, a du mal à tenir les délais qui lui sont impartis. Il perd de nombreux clients, sans parvenir à se ressaisir. Perte de liens sociaux (il a peu d'amis), habitat qui se dégrade par négligence : petit à petit, le tableau se noircit.

Au départ, c'est bien l'inertie de Joël qui est la cause de la dégradation de son mode vie. Progressivement, le simple fait de regarder en face tout ce qu'il faut faire pour corriger la situation, l'idée même de tout ce qu'il a à accomplir – alors qu'il se sent seul – suffit à générer chez lui une angoisse insurmontable qui ne l'incite qu'à une chose : retourner se coucher. Seul

29

l'accompagnement thérapeutique peut lui redonner des moyens d'action : il a besoin de soutien pour une remise en route progressive. Il doit apprendre à catégoriser les problèmes, à fractionner l'effort, afin de ne pas se confronter d'un coup à cette montagne qui obscurcit l'horizon.

Philosophie inconsciente de l'inertifié

Le philosophe, en général, cherche à sortir de la pensée de tous les jours et de tout le monde, cette pensée à peu de frais, qui vient spontanément quand on ne fait rien pour en sortir. Cette pensée qu'on appelle parfois « naturaliste » présente l'inconvénient majeur de s'arrêter aux apparences ; elle ne se remet pas en question et ne vérifie pas la validité de ses raisonnements.

Descartes, à travers son *doute méthodique*, se situe radicalement à l'opposé : il remet en question – en *doute* – tout ce qui fonde sa pensée.

Mettre en question ses pensées et vérifier ses modes de réflexion, c'est accéder à une pensée plus saine, plus authentique, et donc s'offrir des choix, eux aussi plus sains et mieux maîtrisés.

L'inertifié, lui, fait l'inverse du philosophe : il se complaît souvent dans cette pensée naturaliste, jusqu'à frôler la mauvaise foi. Quand il ne se contente pas d'être épicurien, il s'imagine volontiers cartésien : pour lui, les choses sont telles qu'elles sont – c'est-à-dire telles *qu'il croit* qu'elles sont. C'est donc en toute bonne foi que notre inertifié estime ses décisions rationnelles, ses observations purement objectives et nullement influencées par ses sentiments ou ses croyances. Il valide d'emblée ce qu'il pense et ce faisant, il oublie la recommandation de Descartes : pratiquer le doute méthodique et prendre soin d'examiner attentivement tout ce qui, dans sa pensée, peut relever de *l'a priori* ou de la croyance !

Dans l'existence, nous sommes en permanence conduits à faire des choix, à prendre des décisions. Ces prises de décisions reposent sur un ensemble d'éléments qui vont des plus inconscients, des plus instinctifs, aux plus réfléchis et aux plus consciemment évalués. En réalité, même ce qui relève de la réflexion consciente est tributaire de notre état émotionnel, de notre état corporel, bref de qui nous sommes fondamentalement – et, il faut bien le dire, de notre humeur du moment.

Antonio R. Damasio, neurophysiologiste de renom, a intitulé un de ses livres *L'erreur de Descartes,* car ce dernier, dans sa recherche remarquable de rationalité, instaure une séparation catégorique entre le corps, fait de matière, et l'esprit, non matériel. Damasio rapporte ainsi que, pour Descartes, les opérations de l'esprit n'ont « rien à voir avec l'organisation et le fonctionnement d'un organisme biologique ».[1]

Dans le cas qui nous occupe, on peut parler de la double erreur de l'inertifié. Celui-ci, en effet, reprend à son compte l'erreur de Descartes pour qui la raison se tient à l'abri des passions et des limites du corps[2]. Mais il commet de plus l'erreur de se croire cartésien – je le pense, donc je le suis ! – alors même qu'il n'examine nullement l'impact de ses préjugés sur sa pensée.

Ainsi, l'inertifié manque de recul par rapport à ses actes, à ses décisions et à ses réflexions. Peu enclin à les remettre spontanément en question, il se perçoit beaucoup plus affranchi de son état corporel et émotionnel qu'il ne l'est en réalité.

Un manque de relation à soi

Nos prises de décision se font effectivement de façon beaucoup moins objective qu'on ne le pense ; ce qui fait pencher la balance d'un côté ou de l'autre relève en grande partie d'une sensibilité émotionnelle.

---

1. Damasio A., *L'erreur de Descartes*, éditions Odile Jacob, 2006.
2. En réalité, Descartes est plus subtil que cela ; mais il n'avait pas à sa disposition toutes les connaissances qui sont les nôtres aujourd'hui. S'il sépare effectivement le corps et l'esprit, il précise bien, dans sa deuxième méditation, à propos des perceptions corporelles :
   « Il est très certain que je vois de la lumière, que j'entends du bruit, que je sens de la chaleur, cela ne peut être faux et c'est proprement ce qui en moi s'appelle sentir, et cela précisément n'est rien autre chose que penser. »

Selon Théodule Ribot, titulaire de la première chaire de psychologie expérimentale au Collège de France, la sensibilité est *la faculté de tendre ou de désirer*. Savoir comment se constitue et s'oriente notre sensibilité importe peu ici ; en revanche, il est fort intéressant de voir comment Th. Ribot conçoit ce qu'il nomme *la tendance*, à la fois support profond de notre vie affective et expression de notre sensibilité.

Voici ce qu'il en dit : « La tendance n'a rien de mystérieux ; elle est un mouvement ou un arrêt de mouvement à l'état naissant. J'emploie ce mot – tendance – comme synonyme de besoins, appétits, instincts, inclinations, désirs ; il est le terme générique dont les autres ne sont que des variétés ; il a sur eux l'avantage d'embrasser les deux aspects, physiologique et psychologique, du phénomène ».[1]

La tendance est effectivement plus qu'un désir. Elle est en soi un mouvement naissant, une action qui s'annonce ; probablement même existe-t-elle en amont de la prise de décision consciente. De fait, l'inertie apparaît fréquemment dans une situation où la personne n'est plus en relation avec ses tendances, avec la manifestation de ses besoins, de ses inclinations ; dans une situation où est coupé le lien avec ce que le Pr. D. Bois qualifie de *prémouvement*, cette tension interne qui prépare et annonce l'action à venir.

Ce n'est pas l'absence de désir qui engendre l'inertie ; c'est plutôt le manque de prolongement corporel du désir, le fait de ne pas prendre en compte ces mouvements naissants que sont les tendances. À cause d'un déficit d'incarnation, de relation à soi, la prise de décision n'est pas reliée à un élan intérieur, et inversement, l'impulsion interne – la tendance – ne se prolonge pas en acte.

---

1. Ribot T., *La psychologie des sentiments*, L'Harmattan, 2005.

Claudia est une jeune femme un peu effacée, avec une voix douce et un ton un peu uniforme ainsi qu'une gestuelle manquant de tonicité. Sa vie professionnelle va bien : elle aime ce qu'elle fait et est appréciée de ses clientes. En revanche, sa vie sentimentale la déprime un peu ; elle vit en couple, mais éprouve des incertitudes quant aux sentiments de son compagnon. Matériellement, celui-ci s'appuie beaucoup sur Claudia, qui se sent un peu utilisée et finit par se demander ce qui constitue vraiment le ciment de leur couple.

Pourtant, elle est incapable de modifier quoique ce soit dans leur organisation de vie ou dans leurs rapports. Elle subit la situation et en souffre en silence. Elle n'arrive pas à choisir entre accepter les faits ou tenter de les faire évoluer (le sujet est peu ou pas abordé entre eux). Elle ne parvient pas non plus à affirmer ses choix ou ses opinions.

En creusant son problème avec elle, nous nous rendons compte que Claudia vit les événements comme si elle en était spectatrice, comme une fatalité sur laquelle elle n'aurait aucune prise.

Lorsque ça va mal, elle souffre et voudrait que les choses changent, mais elle ne met rien en route sur le moment. Lorsque, *a posteriori*, elle réfléchit à ce qui s'est passé, elle voit bien les incohérences de son attitude, mais cela semble ne plus la toucher. Elle ne ressent plus en elle la nécessité de changer quelque chose. Claudia semble ne pas « se respecter », non pas parce qu'elle manque d'estime d'elle-même, mais plutôt parce qu'elle montre une incapacité à écouter ses désirs, à les concrétiser, à les faire vivre.

Émotion et décision

L'étude clinique de certaines pathologies a établi le lien irréfutable entre émotion et prise de décision. C'est ce que montre le Pr. A. Damasio, pour qui « la capacité d'exprimer et de ressentir des émotions est indispensable à la mise en œuvre des comportements rationnels ».[1]

---

1. Damasio A., *op. cit.*

Pour illustrer cela, A. Damasio cite le cas d'un patient qu'une lésion du lobe frontal du cerveau prive de tout ressenti émotionnel. Ce patient, confronté par exemple à des images terribles, ne manifeste aucune des réactions émotionnelles habituelles, alors même qu'il saisit fort bien le contenu de ces images. « Il était, nous dit A. Damasio, en mesure de connaître, mais non de ressentir ».[1]

De façon surprenante, ce patient se révèle incapable de prendre une décision. Alors qu'il parvient parfaitement à analyser les situations de manière rationnelle, la moindre initiative qui implique un choix de sa part devient problématique. Il pèse indéfiniment le pour et le contre, il évalue les possibilités — par exemple en fin de consultation lorsque, agenda en mains, vient le moment de fixer le rendez-vous suivant. Mais sa sensibilité propre ne parvient jamais à faire pencher la balance d'un côté ou l'autre.

L'émotion est un état corporel avant toute chose, mais elle a aussi une dimension cognitive ; elle influence — on pourrait presque dire oriente — nos prises de décision. Cela se fait parfois de manière évidente : si je suis en colère, je risque de prendre des décisions moins mesurées que d'habitude. Mais en fait, même lorsque nous analysons à froid et objectivement une situation, nous établissons un rapport émotionnel inconscient avec cette situation ; et ce rapport est directement influencé par nos expériences passées, notre vécu émotionnel.

Ainsi, on parle aujourd'hui en neurosciences « d'inconscient émotionnel » dans la mesure où nos émotions, présentes ou passées, influencent de manière inconsciente nos raisonnements conscients.

1. Damasio A., *op. cit.*

Portrait final

On peut résumer la situation de la manière suivante : l'inertifié est loin d'être idiot ; il peut être créatif et avoir des compétences intéressantes. Mais tout se passe comme s'il craignait l'échec en permanence, comme s'il ne pouvait pas prendre le risque de perdre.

L'inertifié a souvent une haute opinion de lui-même ; mais, même si, comme nous l'avons dit, il n'a pas forcément tort, cette opinion reste fragile.

Donc, plutôt que de prendre le risque d'être déçu, de ne pas être à la hauteur de son objectif et de son idéal, de montrer aux autres les limites de sa compétence (une fois encore, que ces limites soient réelles ou supposées), l'inertifié accepte la tâche à accomplir et s'engage sur ce qu'on lui propose.

Avec le moment de la réalisation vient le moment de la confrontation, de l'évaluation ; c'est alors que la peur de l'échec et de ses conséquences inhibe le passage à l'acte.

L'inertie se nourrit de l'échec, quelle que soit l'ampleur de celui-ci. Elle s'exerce aussi bien lors d'actions anodines que pour de grands projets. Dans le cas d'actions banales, l'échec lui-même n'est pas aussi dangereux que ses conséquences sur l'estime – l'estime que l'inertifié a de lui-même et l'estime que les autres ont de lui.

Un échec apparemment sans gravité peut avoir des effets plus dévastateurs sur l'estime de soi qu'un échec apparemment plus grave, mais plus facile à expliquer. L'ampleur du découragement qui nous saisit dans ces moments est une véritable souffrance ; de plus, elle est rarement perçue ou comprise de l'entourage puisqu'elle n'est, à ses yeux, pas justifiée.

En réalité, les conséquences pratiques d'un échec sont rarement aussi lourdes qu'on l'imaginait. Mais, dans la mesure où l'inertifié se met en jeu, où il fait dépendre son estime de soi de la réussite de son action, il rend la mise en œuvre de celle-ci plus risquée, et donc infiniment plus pesante.

Intelligent, mais manquant de vivacité dans l'adaptation, l'inertifié est facilement déstabilisé par le changement ; en tout cas, il le perçoit d'abord comme une menace.

Probablement d'un naturel plus inquiet qu'il ne le montre et qu'il ne le croit, il a du mal à se soumettre à cette règle incontournable qui dit qu'*on n'a rien sans rien*. D'où, par ailleurs, cette tendance à se contenter des opportunités de la vie, à attendre que celle-ci lui offre sur un plateau ce qu'il n'a pas eu le courage ou la capacité d'aller chercher lui-même.

Une apparente aisance ou une dévalorisation subtile ne sont souvent que deux expressions différentes d'un même terrain sous-jacent : une estime de soi élevée mais fragile, un esprit d'entreprise trop inquiet pour se donner les moyens de ses ambitions.

On est en plein dans la définition et l'essence de l'inertie : *un frein à un changement d'état*. Or dans tout changement, il y a perte et gain, il y a quitter pour trouver ; il y a inéluctablement ce temps de confrontation à soi-même où l'on n'est plus dans l'ancien et pas encore dans le nouveau, ce temps de suspension sans garantie.

Attention néanmoins : il ne s'agit pas là d'un portrait-robot ou d'un profil psychologique applicable de façon générale et permanente. Nous nous contentons d'établir les mécanismes qui correspondent à une situation donnée, celle où l'inertie se manifeste. Ces grandes lignes ont pour but de mieux cerner les rouages de l'inertie ; elles nous laissent déjà entrevoir des solutions ou, du moins, des pistes pour aborder notre problème.

D'autres symptômes, d'autres voies

3

Admettez le moindre intervalle ou le plus simple intermédiaire sensible entre un acte de vouloir et son effet, vous dénaturez cet acte, vous détruisez la force même de son principe ou son mode essentiel de manifestation.

MAINE de BIRAN

Notre vie, sociale ou psychique, se déroule dans l'espace et le temps. En toute logique, l'inertie s'exprime elle aussi dans ces deux dimensions. Plutôt que d'aborder de front nos comportements problématiques, il est donc plus facile d'explorer la voie de notre rapport au temps ou à l'espace. Ne nous en privons pas...

Une difficulté à vivre au présent

Sur le plan temporel tout d'abord, nous avons vu que le problème de l'inertifié se situe au moment du passage à l'action ; sa stratégie va donc consister à éviter cette phase.

Pour cela, le premier moyen, le plus simple, est tout simplement de retarder le passage à l'acte en faisant durer la phase qui le précède : la préparation. Il peut s'agir de préparer le projet lui-même, que ce soit en accumulant ce qui semble nécessaire – du matériau, des outils, etc. – ou en cherchant à créer les conditions optimales pour sa réalisation.

Il peut s'agir aussi de se préparer soi-même ; en se formant, par exemple, l'inertifié va accumuler des compétences, mais sans jamais en tirer véritablement parti.

> Jérôme est un professionnel compétent et innovant dans son secteur, la formation d'adultes. Il souhaite depuis longtemps théoriser sa pratique et en faire un livre, encouragé en cela par ses collègues et ses proches. Pourtant, Jérôme ne se sent pas tout à fait prêt ; sa pratique et ses connaissances évoluent sans cesse, il lit, se documente, prend des notes, réfléchit… et finalement n'écrit pas !

C'est un cas typique d'inertie où l'appréhension du passage à l'action et l'absence de déclic étirent indéfiniment la préparation du projet.

Malheureusement, cette phase de préparation prolongée pour fuir la mise en action a aussi pour effet d'en tarir l'élan : la motivation qui sous-tend le projet s'épuise et rend de plus en plus difficile un éventuel passage à l'acte. Au fil du temps, l'acte se vide de ce qui l'a justifié, devient creux et artificiel ; n'étant plus vraiment *motivé*, il n'est plus *motivant*.

Une autre stratégie d'évitement peut alors apparaître, où la personne va tout simplement « shunter », contourner l'action proprement dite. Pour cela aussi elle est souvent créative, pleine d'idées… Et pour éviter la mise en action d'un projet, quoi de mieux qu'un nouveau projet, plus séduisant, plus adapté, source de davantage de perspectives ? Justement parce que ce projet est *nouveau*, il est porteur d'élan ; la motivation qui le sous-tend n'est pas encore épuisée.

Voici donc l'inertifié émoustillé, porté par ce nouveau projet qui lui semble plus adapté que l'ancien.

En fait, il n'est pas plus adapté ; il est simplement moins ancien...

De projet en projet, c'est lui-même que l'inertifié projette ; il vit dans un futur hypothétique, séduisant et plein de réussites, où les projets finissent toujours par aboutir ; mais il se trouve bien plus rarement dans le présent. Pour lui, le présent n'est que la conception ou la préparation de son futur.

C'est une autre façon d'envisager l'inertie : non pas comme une incapacité d'action, mais comme une difficulté à vivre le présent, comme une tendance à se projeter sans cesse dans le futur. De ce fait, nous pourrons lutter contre notre inertie sans nous y attaquer de front, mais, de façon plus subtile, en cherchant simplement à nous ancrer dans le présent.

Une des conséquences de cette projection dans le futur (à moins que ce n'en soit une cause ?) est une tendance de l'inertifié à se couper de lui-même, de son incarnation. En effet, parce qu'elle se projette sans cesse dans l'avenir, la personne se déconnecte de son quotidien corporel. Elle n'est plus en prise directe avec les informations que son corps lui fournit continuellement, c'est-à-dire avec les perceptions et les indices sur lesquels s'appuient nos choix et nos décisions.

C'était le cas de Jérôme, dont nous avons parlé précédemment. Frustré dans sa créativité, ne parvenant pas à se réaliser, Jérôme avait tendance à se couper des petites manifestations corporelles de son manque d'épanouissement. Il est ainsi venu me consulter pour une fatigue récurrente, accompagnée de douleurs musculaires, qu'il mettait sur le compte d'un excès de travail. En réalité, sa fatigue n'était pas due à ce qu'il faisait, mais à ce qu'il ne faisait pas. Nous avons donc identifié sa frustration, traité la fatigue et les douleurs, avant de travailler spécifiquement sur la concrétisation immédiate de ses impulsions – notamment dans l'écriture.

On le voit, cette coupure d'avec soi-même tend à renforcer l'inertie. Elle affaiblit l'ancrage corporel nécessaire à une mise en action efficace. Coupée de ce corps qui la prolonge habituellement, la volonté se retrouve sans emprise sur le réel, impuissante à se matérialiser.

L'inertifié a donc tendance à prolonger exagérément, voire indéfiniment, la préparation de ses projets ; de façon plus subtile, cela peut parfois induire chez lui un rapport faussé à l'espace.

Se rassurer en occupant l'espace

L'inertifié n'est pas nécessairement quelqu'un d'évaporé ou d'absent ; mais, nous l'avons vu, le rapport qu'il peut avoir à lui-même est défaillant, et il semble parfois compenser son manque d'ancrage temporel par un surinvestissement de l'espace.

Parce qu'il ne se sent pas exister suffisamment, parce qu'il n'est pas toujours très sûr de lui, il se crée un environnement rassurant, susceptible de parer à toute éventualité. En effet, la préparation d'un projet nécessite de collecter les matériaux nécessaires à sa réalisation. Il peut s'agir, selon la teneur du projet, soit de matériel concret, soit de documentation, livres ou autres. En mettant en place et en accumulant *du matériau* pour son projet, l'inertifié a la sensation délicieuse d'être déjà dans sa réalisation (ce qui n'est d'ailleurs pas entièrement faux) sans s'y confronter vraiment.

Estelle présente un cas d'inertie assez proche de celui de Jérôme, mais beaucoup plus impressionnant. Elle semble ne jamais se sentir prête à affronter la vie professionnelle, et poursuit ses études à n'en plus finir, se spécialisant de plus en plus sans se préoccuper de savoir si la branche qu'elle a choisie est viable en termes de débouchés professionnels. On pourrait dire que son inertie l'a transformée en étudiante à vie, spécialiste d'un domaine si obscur que cela lui confère un statut irréfutable – comme le ferait la détention d'un record que personne ne songerait même à tenter, genre record du plus grand nombre d'œufs mangés de nuit la tête en bas sur un trapèze à dix mètres du sol... Estelle, qui a de faibles revenus et donc un petit logement, voit son deux pièces envahi de livres au point d'étouffer. L'accumulation d'ouvrages spécialisés a rogné son espace de vie ; pourtant, cela lui donne une identité, une impression d'exister compensant le vide créé par son inertie.

De cette façon, évitant la confrontation avec le réel, l'inertifié vit dans un futur rêvé, idéal ; il se crée un espace de vie que comblent des objets protecteurs.

Suis-je concerné ?

Certains des chapitres précédents ont peut-être rencontré en vous un écho particulier, vous conduisant à vous demander à quel point vous êtes concerné et à quel point vous souffrez d'inertie. C'est peut-être le premier problème que pose l'inertie : elle n'est pas toujours identifiée comme un problème par l'inertifié lui-même, malgré toute la souffrance qu'elle lui cause.

Une condition nécessaire : en être contrarié

La première question que vous devez vous poser est justement celle-là : en souffrez-vous ? Percevez-vous un tel décalage entre vos désirs et vos actes qu'il crée une réelle frustration ? Êtes-vous contrarié par toutes ces bonnes résolutions que vous ne parvenez jamais à tenir ? Avez-vous la sensation plus ou moins constante d'être en deçà de vos capacités, au point que cela vient ternir l'image que vous avez de vous-même ?

C'est le premier élément à observer : si vous n'éprouvez jamais ou presque ce sentiment d'impuissance devant tout ce que vous ne parvenez pas à réaliser, si cela ne vous plonge ni dans le dépit ni dans la colère, si l'estime que vous avez de vous-même ne s'en trouve pas écornée, voire érodée au fil du temps et des échecs, si vous n'avez pas le sentiment très fort de passer à côté de ce pour quoi vous êtes fait – bref, si votre rapport à l'action n'est pas source de souffrance, le reste est assez anecdotique ! On ne s'y attardera que par curiosité, parce qu'on se reconnaîtra au détour d'un trait de comportement et, tout simplement, pour le plaisir de mieux se connaître.

Un indice évocateur : ne pas évoluer

Le deuxième élément à observer est celui de votre évolution. Le temps qui passe n'est pas que du temps, c'est une somme d'expériences qui, toutes, doivent nous apprendre quelque chose. C'est une maturation qui se fait par la perte des illusions et par l'acquisition d'une plus grande capacité à relativiser ; c'est une véritable croissance, non pas physique, mais intérieure.

Nous avons défini l'inertie comme un « frein à un changement d'état ». Le manque d'évolutivité de notre personnalité, de notre rapport au monde et plus particulièrement à l'action, est donc une manifestation de l'inertie. Il n'est pas ici question de devenir quelqu'un d'autre : nous gardons notre identité tout au long de notre vie. Mais si, année après année, vous prenez les mêmes bonnes résolutions à chaque premier de l'an, c'est probablement que vous avez un problème d'inertie !

L'inertie, ce n'est pas éprouver une difficulté à réaliser certaines choses ; c'est lorsque cette difficulté se répète sans fin.

Souffrance et répétition sont les deux aspects les plus importants de l'inertie. Ils se jouent entre vous et vous, indépendamment de tout contexte, de toute pression extérieure, dans une sorte d'absolu qui vous invite à la sincérité la plus grande. Ensuite, seulement ensuite, vous pourrez prendre en compte ce que vous renvoie votre entourage.

Un signe indirect : la pression de l'entourage

Notre entourage familial et professionnel nous renvoie une certaine image de nous-même et exerce sur nous une certaine pression, en fonction de ses attentes et de la façon dont nous y répondons.

Chez l'inertifié, il existe un décalage parfois énorme entre les attentes de l'entourage et la qualité – je devrais dire aussi la quantité – des réponses qu'il propose.

Ainsi, alors que vous ne pensez nullement souffrir d'inertie, votre entourage vous renvoie des signaux plus ou moins désagréables de sa frustration envers vos actions. Cela va de l'école avec l'inusable « Peut mieux faire ! » – les examens jalonnant nos études toujours obtenus de justesse, avec le minimum d'efforts – aux premiers jobs d'été passés à subir les récriminations de l'employeur pour cause de rendement insuffisant ; cela continue par les complaintes de nos proches à propos de notre participation très ponctuelle aux tâches ménagères, ou encore dans un parcours professionnel extraordinairement ordinaire et confortablement dénué de toute initiative marquante.

Bref, si ceux qui vous entourent vous demandent souvent plus d'action et d'initiatives, si on vous reproche de façon récurrente votre manque d'investissement et de participation, c'est peut-être le signe d'une inertie que vous n'avez pas identifiée.

Là encore, reste à savoir si cette pression vous pèse suffisamment pour vous inciter à prendre en charge votre inertie.

DEUXIÈME PARTIE

Par où commencer ?

Comprendre pour agir

Il y a des efforts qui ont l'effet contraire du but recherché (...).
D'autres sont toujours utiles, même s'ils n'aboutissent pas.

Comment distinguer ?

Peut-être : les uns sont accompagnés de la négation (mensongère)
de la misère intérieure. Les autres de l'attention continuellement
concentrée sur la distance entre ce qu'on est et ce qu'on aime.
Simone WEIL

Il est fondamental de connaître son inertie. Il ne s'agit pas seulement de repérer ses modes d'expression, mais aussi de se l'approprier, de la *reconnaître* – presque au sens où l'on reconnaît un enfant. En d'autres termes, il nous faut assumer cette inertie, admettre qu'on a d'une certaine façon une nécessité, un *intérêt* à ne pas changer d'état ; que l'inertie est bien souvent une sauvegarde. Moins on est dupe de ses comportements, plus on a d'opportunités d'influer sur ses propres incohérences.

Encore une fois, il s'agit simplement de s'accepter avec son inertie, c'est-à-dire de consentir à se voir et à se ressentir inertifié. Si l'on avait, dans l'immédiat, le moyen de se comporter différemment, nul doute qu'on le ferait.

Ne pas chercher l'origine

La première étape est donc de savoir précisément à quoi l'on s'attaque. Je vous invite néanmoins à ne pas en chercher les causes ; il s'agit plutôt d'en comprendre les mécanismes. E. Minkowski, père de la psychiatrie phénoménologique, explique ainsi : « Nous croyons épuiser la nature d'un phénomène par la découverte de sa cause. Mais le principe de causalité n'est qu'une des multiples expressions de notre tendance à fuir l'actuel en y substituant le caractère mécanique du passé. Nous sacrifions le phénomène étudié à notre besoin causal avant même d'avoir fait la moindre tentative pour dégager ses caractères essentiels ».[1]

Donc, première règle : ne pas chercher l'origine de l'inertie. De fait, la marge est très étroite entre expliquer un mécanisme et l'excuser. Or, un des modes d'expression le plus courant de l'inertie est *la bonne excuse*.

> Une de mes patientes, à qui je pointais parfois quelques incohérences de comportement, avait ainsi l'habitude de ramener la conversation sur la cause de ces incohérences, en l'occurrence sa mère. Elle l'incriminait avec beaucoup de pertinence, mais cela retardait d'autant la prise en charge du problème lui-même. De surcroît, cela la plaçait dans une sorte de fatalité (puisqu'elle ne pouvait pas changer de mère) qui la déchargeait de ses responsabilités – tant que sa mère ne changeait pas…

---

1. Minkowski E., *Écrits cliniques*, Érès, 2002.

En clair, l'inertifié saisira la moindre opportunité pour ne pas s'attaquer au problème, glissant subrepticement de l'explication à l'excuse.

Cet aspect est également souligné dans le coaching : « La recherche du pourquoi fait plaisir car on plonge dans le passé, elle flatte notre esprit cartésien car connaître les causes rassure, mais elle fait perdre beaucoup de temps, souvent pour rien ».[1]

Dans le cas de l'inertie, la recherche du pourquoi fait partie intégrante du problème ; l'inertifié ne s'en rend généralement pas compte, mais c'est un des modes d'expression de l'inertie. Il faut donc que l'attention se porte ailleurs que dans le *pourquoi*.

Identifier notre inertie

Pour lutter contre l'inertie, le *pourquoi* n'est pas central. Il est fort utile, en revanche, de décortiquer le *comment* – comment elle s'exerce.

Comme un sportif qui décompose son mouvement, le revoit au ralenti pour traquer le détail à améliorer, il s'agit de s'observer sans concession pour repérer le refus de l'obstacle, l'élan insuffisant ou mal coordonné ; il faut ensuite décortiquer cela avec la simplicité qu'a le sportif envers son geste, c'est-à-dire sans se juger. C'est là que sera sollicitée notre volonté : elle ne doit en aucun cas tenter de s'exercer à l'encontre de l'inertie – ce serait peine perdue. Elle doit seulement venir soutenir l'observation de nos comportements d'évitement de l'action, afin, comme le dit Simone Weil « d'essayer de remédier aux fautes par l'attention et non par la volonté ».[2]

1. Albert E., Emery J.-L., *Au lieu de motiver, mettez-vous donc à coacher !,* Éditions d'Organisation, 1999.
2. Weil S., *La pesanteur et la grâce*, Plon, 2002.

Mais une telle observation doit s'étendre au-delà des actes visibles. Elle doit aussi concerner les idées toutes faites qui président nos choix et filtrent notre interprétation des situations. Selon le Pr. Bois, nos représentations des choses ont toujours pour nous une valeur de normalité : sans même que nous en ayons conscience, nous considérons tel comportement normal, tel autre incorrect. Ces normes subjectives qui nous servent de référence ont pour nous le même caractère intangible que le lever du soleil à l'est.

Pour sortir de cela, il nous faut adopter l'attitude du chercheur devant son microscope, prendre une posture de recherche « en troisième personne », c'est-à-dire avec le moins d'implication possible. En mettant entre parenthèses nos préjugés, nous tenterons de garder une neutralité bienveillante vis-à-vis de nos observations, et de nous laisser surprendre par ce qu'elles nous enseignent. Il nous faut être des anthropologues de nous-même.

Suggestions

- Concrètement, l'écriture me paraît ici un outil indispensable : procurez-vous un petit carnet et tenez un journal de bord ; si possible, notez-y chaque jour ce que vous pourrez observer de vos comportements inertiels. Notez les faits et uniquement les faits : par exemple, « je pensais mettre par écrit un projet, mais une fois sur l'ordinateur, je me suis mis à surfer sur Internet sans voir le temps passer ». Dans un premier temps, il s'agit simplement d'identifier les manifestations de l'inertie, pas de les juger ni de les changer. Surfer sur Internet, c'est aussi très bien…

- L'effort doit porter sur l'obligation de la prise de notes. Qu'elle soit quotidienne ou hebdomadaire, elle doit devenir rituelle, incontournable, même si vous n'avez pas grand-chose à dire. Le simple fait d'être obligé d'écrire régulièrement vous installera peu à peu dans une présence plus grande à vos faits et gestes, dans une attention posée sur vous-même et sur vos actions, dont les effets seront forcément bénéfiques.

Inertie et motivation

Encore un instant… Regardez en arrière, admirez le paysage, savourez ces derniers instants de votre existence d'inertifié. Bientôt plus rien ne sera pareil.

Il est temps d'évaluer une dernière fois votre motivation. Celle-ci doit être totale, solide et profondément ancrée. Avant de vous lancer dans cette aventure à l'issue incertaine, vérifiez que votre inertie vous pèse suffisamment. Quoi qu'il arrive, votre périple ne sera pas inutile ; mais nul ne peut savoir ce qu'il va découvrir à chaque étape. Parfois le paysage vous plaira, parfois il vous fera grimacer ; ce paysage, c'est vous, et si vous acceptez de le contempler, il vous surprendra et vous invitera à poursuivre.

C'est parti…

En premier lieu, il convient d'examiner votre mode de vie. Si votre type d'alimentation favori est la diète coca-pizza, si vous êtes un téléphage doublé d'un noctambule, si vous appréciez sans modération les voluptés de l'œnologie ou les volutes d'autres produits plus exotiques, prenez vraiment le temps d'évaluer votre motivation ; car celle-ci risque d'être fort sollicitée.

Vérifiez d'abord qu'il s'agit bien de *votre* motivation, et non d'une pression extérieure (par exemple, au hasard, familiale…) ; sinon, il y a beaucoup de risques d'échec – échecs qui ne feraient que renforcer votre inertie. Que celle-ci gêne votre famille est probable, mais l'important est de savoir si elle vous gêne, *vous*.

Ensuite, sachez que le succès de la croisade que vous entreprenez contre votre inertie réclame une hygiène de vie cohérente et adaptée. Il est vrai aussi qu'un mode de vie « décalé » peut s'avérer autant une cause qu'une conséquence de votre inertie ; son évolution sera un bon indice de vos progrès…

<u>Suggestions</u>

- Si vous êtes frustré par vos non-réalisations, vos élans qui retombent comme des soufflés, vous avez tout intérêt à préciser ce qui vous pèse.

- Considérez-vous que les gens ne vous comprennent pas et que la pression extérieure que vous subissez est difficile à supporter ?

- S'agit-il plutôt d'une sensation intérieure d'échec, d'un sentiment qui vous fait dire : « Ça ne peut plus durer » ? Cette sensation de frustration va-t-elle jusqu'à vous mettre en rage contre vous-même ? Si c'est le cas, souvenez-vous que parfois, dans notre vie, certaines choses ne parviennent à changer que lorsque l'on va au bout de la souffrance qu'elles génèrent — comme s'il fallait aller puiser au fond de l'insupportable la force nécessaire pour en sortir.

- Essayez de sectoriser le problème : manquez-vous d'initiative et de puissance d'action dans tous les secteurs de votre vie ou uniquement dans quelques-uns ? Avez-vous l'impression que certaines personnes savent vous faire donner le meilleur de vous-même ? Si c'est un problème d'ordre général, y a-t-il un secteur où vous êtes particulièrement motivé pour que cela change ?

- Qu'est-ce qui vous motive ? On peut faire les choses par intérêt personnel, par amour, pour des raisons financières, par devoir ou par générosité, par orgueil ou par dignité… Il n'y a pas de mauvaise motivation. Repérez celle qui est la plus porteuse pour vous et appuyez-vous dessus.

- Évaluer votre motivation doit vous permettre de faire le point à la fois sur ce que vous souhaitez atteindre — vos objectifs — et sur ce dont vous voulez vous débarrasser. Parfois, la frontière entre les deux n'est pas très nette.

- Enfin, si vous menez la vie d'Alexandre le bienheureux (film où Philippe Noiret campe un personnage qui fait de la paresse un art de vivre) et que vous êtes (bien)heureux comme ça, l'objectif n'est pas de changer de vie, mais au contraire de goûter un peu plus chaque instant qui passe.

Préparer le terrain

2

La volonté n'est pas un pouvoir purement spirituel, qui se rendrait efficace par un pur « fait » intérieur. Elle est liée à des conditions précises d'incarnation. Par le corps, elle est solidaire du monde des corps, de ses lois, de son devenir.
Encyclopaedia Universalis

Le geste visible n'est que la partie émergente d'une longue et complexe opération interne. L'action se produit par le corps ; c'est une volonté qui s'incarne, un influx nerveux qui circule, des muscles qui mobilisent un membre... Il ne saurait donc y avoir d'action performante sans un exécutant disponible et efficace, sans un corps prêt à répondre de manière adéquate. Nous pouvons au moins créer les conditions nécessaires à cela...

Inertie et quantité de sommeil

Sans aller dans des extrêmes, on peut déjà dire que le monde appartient effectivement à ceux qui se lèvent tôt – sauf s'ils se couchent trop tard.

Deux paramètres sont à prendre en compte : la quantité de sommeil et le rythme de vie. Un rythme plus proche de celui du soleil est dynamisant. C'est une réalité : au petit jour, le monde semble vous appartenir et vous invite à partir à sa découverte.

Par ailleurs, il est évident que la quantité de sommeil doit être suffisante. Là encore, il faut se méfier des apparences : les effets d'un manque de sommeil sont largement sous-estimés du grand public, et sont bien plus néfastes qu'il n'y paraît.

La dette de sommeil

Une étude menée au laboratoire d'Ève Van Cauter, à Chicago, par Karine Spiegel[1], de l'Université Libre de Bruxelles, porte sur ce qu'on appelle *la dette de sommeil* ; elle évalue les effets d'un déficit de sommeil cumulé sur un certain nombre de nuits.

Les résultats sont extrêmement instructifs : au-delà d'un certain temps de manque de sommeil, les sujets semblent s'adapter, avec une sensation subjective de fatigue qui s'atténue, voire disparaît. Mais les effets néfastes sur la biologie du corps, eux, persistent bel et bien.

On observe ainsi des perturbations hormonales, à savoir des baisses de sécrétions (mélatonine, hormone de croissance, prolactine, hormones thyroïdiennes, cortisone) qui conduisent, chez un sujet encore jeune, à des taux que l'on retrouve en principe chez la personne âgée ou chez les sujets dépressifs. La structure même des cycles de sommeil est perturbée, avec un sommeil paradoxal qui apparaît plus vite, parfois dès l'endormissement : or, cela est également un des signes de la dépression.

1. Étude présentée notamment à l'université d'été de Somato-psychopédagogie (Belgique, 2003).

Comme chez les dépressifs également, la dette de sommeil entraîne des troubles de l'humeur, avec diminution de l'humeur positive, surtout le matin : il s'agit bien là d'inertie.

Au fil du temps — c'est-à-dire seulement trois semaines dans le cadre de l'étude — d'autres troubles apparaissent, en particulier dans le métabolisme glucidique et la sécrétion d'insuline. Or, nous savons que les glucides ont un rôle majeur dans le fonctionnement musculaire, c'est-à-dire dans la réalisation même de l'action. C'est pour cette raison même que les sportifs de haut niveau ingurgitent de plantureuses assiettes de pâtes la veille de la compétition : ils se constituent des réserves avant l'effort.

Parallèlement, on observe aussi une baisse de la réponse immunitaire, ce qui fragilise l'organisme ; ce n'est pas à proprement parler de l'inertie, mais on sait bien que même une toute petite fièvre, due à un tout petit virus, suffit parfois à nous couper les jambes...

Enfin, et ce n'est pas le moindre problème, la dette de sommeil provoque une baisse des performances cognitives, c'est-à-dire de la capacité à réfléchir et à s'adapter à une situation donnée — autrement dit à apprendre de ses expériences.

Il est clair que de telles modifications ne favorisent pas la mise en action ; si elles peuvent passer inaperçues chez un sujet dynamique, elles conforteront la tendance à l'inertie d'une personne au tempérament moins actif.

Selon Karine Spiegel, les sujets se sentent fatigués — et donc moins performants — au début de l'étude ; à ce stade, ils ressentent clairement la dette de sommeil. Mais au fil du temps, la plupart d'entre eux ont l'impression de s'adapter. Ils ne se sentent plus fatigués et n'ont aucunement la sensation d'une baisse d'efficacité. Pourtant, l'étude démontre bel et bien une diminution constante de leurs performances cognitives...

On le voit, tout cela ne constitue pas un terrain favorisant l'action et la performance ! Bien sûr, les phénomènes observés sur la durée de l'étude sont réversibles lorsque le sujet « paie sa dette de sommeil », c'est-à-dire récupère le sommeil en retard. Mais sur une durée beaucoup plus longue, rien ne dit qu'il en va de même.

Le jour et la nuit

D'après le docteur Marc Rondony, médecin urgentiste, la chronobiologie apporte des réponses à certains aspects de l'inertie. Cette science étudie les relations entre le déroulement temporel et le fonctionnement biologique. Elle définit ainsi les rythmes biologiques qui régulent l'activité de l'homme et de toutes les espèces vivantes.

La conquête spatiale a démontré l'importance des rythmes biologiques : une fois dans l'espace, privés de l'alternance jour/nuit, des spationautes pourtant entraînés se retrouvaient en difficulté devant des tâches répétées des centaines de fois à l'entraînement… Il a fallu une grande ingéniosité pour leur redonner des repères temporels stables. Dans le même ordre d'idée, des études menées en laboratoire ont démontré que des jeunes chats dont on perturbait profondément le sommeil pendant une semaine perdaient à jamais leur capacité d'apprentissage !

Des déphasages chroniques peuvent profondément perturber le fonctionnement neurocognitif et émotionnel d'individus par ailleurs sains, et favoriser en particulier des états d'inertie. Selon le docteur Rondony, il convient donc, devant ce type de manifestations, d'interroger en premier lieu la qualité du sommeil et la chronologie des périodes d'activité et de repos.

Le rythme qui influence le plus l'activité est le rythme circadien, c'est-à-dire celui d'une journée solaire. Pour certaines espèces, nocturnes, la nuit est la période d'activité la plus propice. Ce n'est pas le cas pour l'homme. L'homme est diurne depuis des millions d'années ; c'est inscrit dans ses gènes. Sa période d'activité s'étend approximativement sur la moitié du nycthémère (un jour), soit de 6 heures à 21 heures. Sur cette période, néanmoins, son niveau de vigilance n'est pas du tout stable. Des biologistes ont mené de nombreuses études sur des paramètres tels que le niveau d'activité, la force musculaire nécessaire pour une activité

donnée ou encore le nombre d'accidents ou d'incidents sur un nycthémère. Les différentes courbes de mesures qui en résultent présentent
toutes le même profil, représenté sur le schéma ci-dessous.

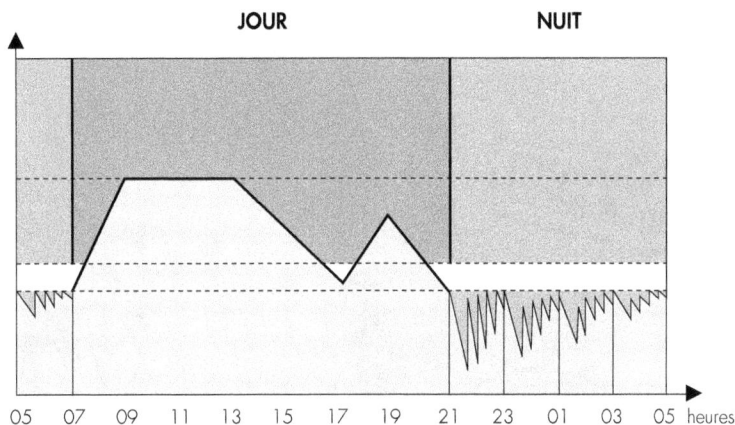

Schéma d'après le Pr Revel,
NASA, Houston

Il apparaît que nous sommes à notre « top-niveau » de 9 h à 13 h, que
nous avons une période plus difficile dans l'après-midi, jusqu'à 17 h,
puis un regain d'énergie jusque vers 19-20 h, suivie d'une nouvelle
baisse qui nous conduit vers la diminution d'activité et le sommeil.

Dans sa forme, ce schéma est relativement peu variable, quels que soient
les individus ; en revanche, la courbe peut se décaler vers la gauche ou la
droite : cela définit dans les extrêmes des « lève-tôt » qui piquent du nez
dès 21 h, ou des « couche-tard », qui mettent plus de temps à émerger le
matin mais qui sont capables d'une plus longue activité le soir et la nuit.

Le rythme de sommeil est donc individuel et varie d'une personne à
l'autre.

Il existe également un groupe que l'on pourrait appeler les « marmottes », dont les membres se définissent par un niveau un peu plus bas de l'ensemble de la courbe : *l'acrophase* (le top-niveau) est moins élevée, les phases de repos plus fréquentes. Ces personnes passent plus facilement sous le niveau d'éveil. Un problème d'inertie se posera ainsi de manière plus aiguë chez une personne ayant ce type de profil...

D'après le docteur Rondony, les problèmes sont souvent en relation avec ces déterminants biologiques majeurs que constituent les rythmes sociaux. Il s'agit de tous les horaires exigés par la vie sociale : horaires de travail, d'école, de repas... qui imposent à l'individu un rythme qui n'est pas forcément le sien.

Il faut rajouter à cela tous les emplois « postés » ou nocturnes – services de garde, travail en 3 × 8… Il est évident qu'un travail nocturne imposé sera bien mieux toléré par un « couche-tard » que par un « lève-tôt ».

À la longue, ces décalages infligés peuvent favoriser l'apparition de petits troubles, voire de pathologies avérées comme la dépression. L'inertie peut faire partie des troubles liés à cette désadaptation.

Bien souvent d'autre part, le décalage n'est pas lié à un problème physio-logique, à des troubles du rythme interne de l'individu, mais à un mode de vie qu'il s'impose lui-même et qui va à l'encontre de ses rythmes biolo-giques. C'est le cas, par exemple, du fêtard qui fait passer sa vie nocturne avant sa vie sous le soleil, ou même de celui qui se laisse entraîner le soir dans des activités prolongées, telles que surfer sur Internet, lire, regarder la télé ou travailler. Ces activités cassent ses rythmes biologiques et lui font « brûler la chandelle par les deux bouts ».

Comment réagir, comment éviter ce déficit de sommeil et respecter ses propres rythmes biologiques ?

Pour vous faciliter la tâche, et dans la mesure du possible, adoptez un emploi du temps le plus proche possible de votre rythme naturel. Êtes-vous du matin ou du soir ? Apprenez à vous connaître, à utiliser de façon optimale vos cycles de plus grande productivité et de plus grande inspi-ration. Reposez-vous au moment où vous en avez besoin, travaillez au moment où vous êtes le plus productif. Il y a dans le monde beaucoup plus de compétences inutilisées que d'incompétences bien exploitées ! Le premier pas dans la découverte de vos compétences, c'est de connaître *votre* rythme.

Suggestions

- Connaître son propre rythme est déjà un signe positif de relation à soi ; c'est un atout non négligeable pour un inertifié. Les signes les plus objectifs sont assez simples à observer : réveil facile, performance matinale, profusion d'idées et performance dès l'aube sont les indices d'un tempo matinal. À l'inverse, si vous ne pouvez rien faire de bon avant le troisième café, si votre productivité s'améliore en soirée, et si vous manquez d'empressement à aller au lit, c'est que votre rythme interne est plutôt du soir.

- Des critères plus subjectifs peuvent nous aider à affiner cette connaissance. À quel moment de la journée, par exemple, vous sentez-vous inspiré ou en forme ? Quel est celui qui vous correspond le plus en termes d'état intérieur, de confiance en vous et d'énergie ? N'hésitez pas à faire usage de votre petit carnet pour collecter vos sensations : seule une observation attentive permet de bien se connaître.

- Nous savons que le sommeil se fait par cycles (voir le schéma jour/nuit). Il est préférable de se lever en fin de cycle plutôt que d'être arraché des « bras de Morphée » par la sonnerie du réveil — et de ce fait brutalement sorti de ces magnifiques rêves qui émaillent vos phases de sommeil paradoxal. Essayez de repérer vos cycles de réveil et d'endormissement tels qu'ils se reproduisent habituellement. Le réveil spontané correspond à la fin d'un cycle, et le moment où vous vous rendormez marque le début d'un autre cycle. Ainsi, si votre changement de cycle se produit vers sept heures, il est préférable de vous lever spontanément un peu avant ; vous serez moins fatigué. Bien sûr, mettez quand même le réveil à sonner, pour éviter que l'angoisse d'être en retard au travail vous réveille tous les quarts d'heure…

Biologie de l'inertie

L'inertie s'accompagne parfois d'un fort sentiment d'impuissance, comme si notre volonté semblait n'avoir effectivement plus d'emprise sur nos actes. Dans certains cas, ce sentiment s'enracine dans une réalité biologique.

En effet, si nos humeurs et notre tempérament sont en grande partie influencés par les événements qui jalonnent notre vie, la recherche explique de plus en plus certaines anomalies de comportement par des dysfonctionnements biochimiques.

D'après le docteur Marc Rondony, derrière chaque mécanisme physiologique – qu'il s'agisse de la contraction musculaire, du métabolisme énergétique du système immunitaire, mais aussi de nos comportements – se cache un mécanisme biochimique complexe.

Il insiste tout particulièrement sur l'importance des neuromédiateurs, ces messagers chimiques qui interviennent dans la communication entre neurones pour déclencher ou pour inhiber un processus donné.

Parmi ces neuromédiateurs, il en existe trois qui nous intéressent plus particulièrement pour leur rôle concernant l'action : ce sont la dopamine, la noradrénaline et la sérotonine.

Biologie de l'action

Nous allons ici présenter très brièvement et de manière nécessairement simpliste le rôle majeur de certains neuromédiateurs dans notre comportement et nos actions.

On peut définir trois étapes clés de l'action, auxquelles collaborent trois grandes familles de neuromédiateurs.

- Une phase d'initiation de l'action, d'éveil, de recherche de la nouveauté et du plaisir, c'est-à-dire d'une nouvelle stratégie potentiellement gagnante. Cette phase est sous la dépendance d'un grand neuro-médiateur : la dopamine (produite par les neurones du système nerveux central). Celle-ci est également très impliquée dans la motivation, l'intention, l'ouverture vers les autres et le désir sexuel. Pour simplifier, nous dirons qu'elle intervient dans *la phase starter d'une action*.
- La deuxième phase est une phase d'amplification de l'action et de renforcement de la concentration, de la mémorisation et de la stimulation

psychomotrice. Elle est dominée par l'action de la noradrénaline (élaborée au niveau des neurones du système nerveux central et de la médullo-surrénale). La noradrénaline est en rapport étroit avec notre mémoire émotionnelle, avec le système limbique qui gère le couple « récompense/punition ». Ce dernier intervient soit pour privilégier une stratégie qui a fait ses preuves dans le passé, soit pour inhiber l'action, voire inciter à la fuite dans des situations ayant causé des échecs.
En résumé, la noradrénaline joue un grand rôle dans *le renforcement et l'amplification de l'action*.

• La troisième phase, enfin, est la phase de l'arrêt de l'action et du contrôle des pulsions. Elle dépend de la sérotonine (produite par certaines cellules de l'intestin et par les neurones du système nerveux central), qui induit un état de confiance et d'apaisement. La sérotonine intervient lorsqu'il devient nécessaire de se calmer et de prendre du recul.
Les maîtres mots de son effet sont *arrêt de l'action, contrôle pulsionnel et apaisement.*

Le rôle de ces trois neuromédiateurs majeurs nous éclaire sur une face cachée de l'inertie. Ces neuromédiateurs sont théoriquement en équilibre, mais chacun peut présenter soit un état d'excès (que l'on rencontre très rarement en dehors d'une pathologie psychiatrique avérée), soit, plus fréquemment, un état de déficience.
Une tendance marquée à l'inertie peut ainsi être un signe de déficit en dopamine et/ou en noradrénaline. Si le déficit concerne la sérotonine, les manifestations cliniques prendront au contraire l'aspect d'un état d'excitation permanente, avec impatience, agressivité, fringales sucrées... Néanmoins, ces symptômes peuvent très bien apparaître alors que les deux autres neuromédiateurs sont concernés ; dans ce cas, si l'on rectifie uniquement le déficit en sérotonine, la personne risque de découvrir en elle une inertie liée à ses déficits en dopamine ou en noradrénaline, inertie qui était masquée jusque-là.

On vient ainsi de mettre en évidence trois types d'inertie, ou plutôt trois portraits d'inertifiés, établis cette fois selon des critères biologiques.

- Un déficit dopaminergique créera plutôt une inertie par manque de curiosité, d'attrait pour la nouveauté, l'inconnu ; il entraîne des difficultés à s'ouvrir à autrui et un repli sur soi.
- Un déficit noradrénergique crée un type d'inertie où la personne se lance dans une action mais n'arrive pas à la mener à terme ; elle entreprend plusieurs choses en même temps mais n'a pas la force de les mener au bout.
- Un déficit sérotoninergique créera un comportement très paradoxal : la personne s'agite, mais elle est peu efficace ; hyperactive, mais souvent épuisée, elle est toujours pressée et facilement agressive…

L'intérêt d'une telle classification est bien sûr de mieux comprendre ce qui se cache sous un comportement inertiel caractéristique. Elle nous offre surtout certaines pistes pour y remédier. C'est là que se fait le lien avec l'alimentation.

Ainsi que nous l'explique le docteur Rondony : « Il faut savoir que le neuromédiateur est élaboré dans le neurone lui-même, à partir d'acides aminés dits "précurseurs". Si le neurone n'a pas suffisamment d'acides aminés précurseurs, il ne peut synthétiser correctement le neuromédiateur concerné et un déficit fonctionnel s'installe !

Un déficit fonctionnel peut également s'installer en cas d'hyperactivité cérébrale, sous l'effet du stress par exemple, ce qui entraîne cette fois une surconsommation d'acides aminés, d'où secondairement un déficit.

Ces deux mécanismes d'apparition d'un déficit, soit par apport insuffisant soit par consommation excessive, peuvent d'ailleurs très bien se cumuler… »[1]

---

1. Ce texte est extrait d'entretiens privés avec le Dr Rondony, mais vous trouverez en fin d'ouvrage quelques références d'ouvrages ou de sites Internet où puiser des informations sur la micronutrition et la chronobiologie.

Il faut donc rétablir un apport suffisant en nutriments nécessaires à la fabrication des différents neuromédiateurs. C'est le rôle de la micronutrition.

Les acides aminés précurseurs sont amenés au neurone par le sang. Lorsque certains d'entre eux sont en excès, il existe une sorte de compétition au moment de leur absorption par le système nerveux. Il est donc préférable d'apporter les nutriments nécessaires à l'élaboration des acides aminés précurseurs au moment le plus pertinent, en fonction des rythmes biologiques et des besoins de l'organisme. C'est pourquoi la micronutrition tient compte des rythmes biologiques et demande parfois une relative précision dans le moment de la prise des compléments nutritionnels.

Telle chère, telle vie

Chacun s'accorde à dire que le contenu de notre assiette a une influence directe sur le bon fonctionnement de notre corps. Épicure établissait déjà un lien entre alimentation et inertie : « L'accoutumance à des régimes simples et sans faste est un facteur de santé, pousse l'être humain au dynamisme dans les activités nécessaires de la vie ».[1]

Pour être en forme, il est impératif d'avoir une nourriture équilibrée et adaptée.

À défaut d'une action aussi précise et ciblée que celle proposée par la micronutrition, il est primordial en cas d'inertie d'équilibrer les nutriments nécessaires au bon fonctionnement de l'organisme. On veillera plus particulièrement à avoir un apport suffisant en vitamines, en minéraux et en acides gras essentiels.

Certains d'entre eux sont bien connus du public : tout le monde sait l'efficacité de la vitamine C, ou encore du magnésium ou du fer (le

---

1. Épicure, *Lettre sur le bonheur*, Mille et une nuits, 1993.

fameux fer des épinards de Popeye, qui en réalité n'en contiennent pas tant que ça !). Mais l'important est l'équilibre ; l'excès d'une vitamine ne compense certainement pas le manque d'une autre.

Il ne faut donc pas oublier d'autres nutriments essentiels, tels que les vitamines B ou D, et des minéraux comme le calcium…

Suggestions

- Si vous avez l'impression de vous reconnaître dans les portraits décrits ci-dessus, c'est peut-être que votre inertie provient d'un déficit en dopamine, noradrénaline ou même sérotonine ; n'hésitez pas à consulter un micronutritionniste (voir références en fin d'ouvrage).
- Si vous avez un doute sur l'équilibre de votre alimentation, n'hésitez pas à faire un bilan auprès d'un spécialiste ou allez voir un naturopathe. Sinon, contentez-vous d'une cure générale de compléments alimentaires au cœur de l'hiver.

- La qualité des aliments semble jouer un rôle très important sur la santé et donc sur la capacité d'action ; autant que possible, le recours à des produits biologiques est donc recommandé.

On sait mieux, aujourd'hui, que les acides gras essentiels ont un rôle majeur dans le bon fonctionnement du système nerveux. On veillera donc à un apport régulier en acide alpha linolénique (huile de colza, d'olive ou de pépin de raisin), et, en cas d'inertie, en Oméga 3 (huiles de poissons, etc.) et Oméga 6 (onagre, bourrache).

L'alimentation doit aussi tenir compte de l'équilibre acido-basique (de nombreux ouvrages existent sur ce thème) ou d'éventuelles intolérances alimentaires : intolérance à la gliadine (gluten), à la caséine du lait… Dans ce cas, on retrouvera de nombreux signes associés (troubles intestinaux, douleurs articulaires, musculaires, etc.), eux aussi parfaitement connus et décrits dans certains livres ou sites Internet (voir les références en fin d'ouvrage).

Notre but n'est pas ici de passer en revue toutes les règles alimentaires à respecter. Nous espérons simplement montrer l'intérêt d'intervenir sur ce secteur pour contribuer à la résolution de nos problèmes d'inertie.

Sachez toutefois qu'il n'existe pas de règle universelle et absolue en la matière.

Suggestions

- L'idéal est d'abord de comprendre comment ça fonctionne et d'être à même d'interpréter les signaux que nous adresse notre corps en cas de problème. Prenez l'habitude d'être à l'écoute de votre organisme ; c'est lui le mieux placé pour vous dire si votre alimentation est adaptée.
- Attention, nous avons bien dit votre organisme, pas vos penchants naturels !

Quelques trucs

3

*Je dis que le pithécanthrope ne peut avoir qu'un seul
devoir : de l'audace, de l'audace, encore de
l'audace, toujours de l'audace.*
Roy LEWIS

Nous n'avons agi jusque-là que sur des conditions – de sommeil ou
d'alimentation – dont nous pouvons tirer profit sans nous occuper de
nos comportements proprement dits. Une fois ces conditions nécessaires
mises en place, voici quelques recettes qui, sans requérir une grande
implication, peuvent nous aider et nous stimuler avant d'aller plus au
cœur de notre inertie.

Parmi ces trucs, certains vous parleront spontanément ; pour les autres,
prenez le temps une fois encore d'observer vos habitudes, de vérifier si
vous n'êtes pas concerné plus que vous ne l'imaginez.

Inertifié du soir, espoir ?

Concrètement, pour certains d'entre nous, un détail pratique et anodin peut se révéler une difficulté de taille : se coucher tôt. D'abord, ce n'est socialement pas très bien vu : dans une large frange de la population française, la vie relationnelle commence après vingt et une heures. La quantité moyenne de sommeil par jour, qui était de neuf heures en 1910, n'est plus aujourd'hui que de sept heures !

Et le temps se met toujours contre nous : il faut relever ses mails, remplir le TIP des Communications Électriques de France, arroser les plantes… il est bientôt minuit et nous n'avons rien vu passer.

Ensuite, les émissions de la soirée ayant une irrépressible tendance à commencer de plus en plus tard, se coucher tôt nous prive de télé – sans même parler de ces soirées maudites où notre main droite est saisie de « zapping spasmodique débilitant » sur la télécommande…

Pour toutes ces raisons, il faut au début faire preuve de rigueur et appliquer à la lettre des petites recettes qui sont autant de garde-fous.

Suggestion

Épluchez à l'avance le programme télé et n'allumez jamais la télé sans savoir très précisément ce que vous allez regarder ; si vous êtes honnête et sélectif, ça limite considérablement. Et surtout, au générique de fin, on éteint aussitôt ! En dehors de ces choix, black-out.

Rapidement, ces garde-fous vous deviendront inutiles : on redécouvre le goût de s'endormir au lit sur un bon livre au lieu de se « laisser regarder » par la télé ; on redécouvre le plaisir simple de se masser – ou de se faire masser – les pieds, le bonheur de philosopher et de refaire le monde sur l'oreiller, la volupté de se laisser couler consciemment et progressivement dans le sommeil…

À partir de là, plus besoin de recettes.

La qualité du sommeil dépend aussi de la qualité de la fatigue : se mettre au lit la tête pleine de tous les soucis de la journée, les mâchoires et les épaules encore crispées du stress accumulé au travail, ne prédispose pas à une nuit profondément réparatrice.

Suggestion

En rentrant chez vous, prenez un petit moment pour vous nettoyer du stress de la journée : installez-vous dans votre fauteuil préféré, faites le vide, relaxez-vous, écoutez de la musique qui vous repose, prenez un bain... bref, opérez un petit nettoyage intérieur.

Dans le même ordre d'idée, il n'y a pas plus sain qu'une bonne fatigue physique et le sport est un bon moyen de la provoquer.

Un bon antidote : le sport !

Le sport est un adjuvant précieux dans la lutte contre l'inertie. Certains inertifiés sont déjà sportifs et c'est un plus indéniable ; pour les autres, il va falloir procéder de manière avisée.

Quels sont les objectifs et les impératifs à respecter ? D'abord un minimum de plaisir, sinon la pratique ne tiendra pas la distance, alors choisissez une activité qui ne vous rebute pas.

Accordez-vous quand même un peu de temps pour y trouver du plaisir, car celui-ci n'est pas toujours là d'emblée ; par exemple, les premières fois que l'on joue au tennis, on va surtout chercher les balles au pied du filet, ce qui n'est pas follement excitant, mais au fil du temps viennent la maîtrise et le plaisir qu'elle engendre…

Le sport a une action bénéfique sur l'organisme. Il tonifie et revitalise ; il permet d'éliminer les toxines, de renforcer les muscles, de dérouiller les articulations et de stimuler le système cardiovasculaire ; il améliore notre esprit de compétition, et, par le simple plaisir de bouger, nourrit aussi le corps. Même si c'est encore de façon très mécanique, il améliore la conscience de soi par l'éveil et la connaissance de son corps. Enfin, il permet d'installer du rythme et rend disponible dans l'organisme un élan pour l'action. Toutes ces caractéristiques sont précisément celles qui font souvent défaut dans le cadre de l'inertie.

Quel sport choisir ? Nous l'avons dit : un sport qui vous plaît. Il s'agit de se faire du bien, et non de se rajouter une contrainte.

Choisissez ensuite une activité facile à pratiquer en fonction de vos disponibilités, de votre environnement et de vos capacités budgétaires. Évitez la pelote basque si vous vivez au fin fond de la Picardie.

Enfin, ce doit être un sport tonique et rythmé, mais pas trop agressif pour l'organisme. Footing, roller, natation, musculation en salle, ping-pong, aviron ou rameur, vélo... sont des sports répandus et faciles ; assez complets et très rythmiques, ils sont d'un coût raisonnable. La gymnastique et la danse sont des activités physiques et expressives à la fois, qui offrent l'avantage non négligeable de se pratiquer en groupe. Or il est quasiment indispensable de trouver quelqu'un avec qui pratiquer, car la motivation s'entretient beaucoup plus facilement à plusieurs.

Les arts martiaux offrent des perspectives anti-inertielles particulièrement intéressantes si vous ne craignez pas leur aspect de « combat ». Quant aux sports collectifs, ils présentent un avantage certain dans le secteur du soutien et de la motivation.

Suggestions

- Quelle que soit la formule choisie, il faut respecter un créneau hebdomadaire, un rendez-vous à ne pas rater. En cas d'empêchement incontournable, remplacez immédiatement la séance annulée.
- Si possible, faites des séances improvisées en plus du créneau fixe afin d'exercer votre capacité d'action spontanée.

Dernière chose, les vacances sportives sont infiniment profitables et conseillées : ski de fond l'hiver, voile l'été, peu importe : elles réunissent toutes les conditions souhaitées.

Prenez le temps nécessaire à la mise en place de ces quelques recettes, et privilégiez celles qui vous paraissent les plus faciles. L'important est la mise en mouvement : il ne s'agit pas simplement de faire du sport, mais d'entamer une transformation profonde de soi.

Surtout, n'oubliez pas qu'à travers ces petites recettes, on agit sur quelque chose de fondamental. Soyez à l'écoute de votre état intérieur, prenez en compte les changements que vous percevez et sachez vous en nourrir ; chaque progrès, chaque changement dont vous prenez acte, c'est un peu de votre inertie qui s'en va.

De l'inertie à l'initiative

D'une façon générale, l'inertifié doit gérer son temps en tenant compte de deux impératifs parfois contradictoires : d'une part s'appuyer sur des contraintes précises pour rythmer son temps et atténuer les effets de l'inertie ; d'autre part apprendre à s'affranchir de ces contraintes, à initier lui-même ses mises en action afin de faire reculer l'inertie elle-même.

En effet, pour progresser dans la résolution de son inertie, il doit prendre un maximum *d'initiatives*, c'est-à-dire initier des actions de son propre chef, sans y être contraint. Mais comme sa tendance naturelle est de reculer jusqu'à la dernière limite, il lui faut rythmer sa journée par des impératifs horaires. La plupart du temps, ces derniers sont imposés de l'extérieur, comme les horaires de travail, mais ce n'est pas toujours le cas : ceux qui travaillent à domicile doivent parfois s'en fixer eux-mêmes.

Ce sont de véritables garde-fous horaires, dont il ne faut pas vous priver, mais essayez progressivement de prendre de la distance par rapport à eux (comme pour le réveil).

Suggestion

La clé est de conserver vos garde-fous en évitant, quand c'est possible, de vous appuyer sur eux. En clair : à chaque fois que vous parviendrez à vous mettre en action avant l'heure butoir ou la date limite fixée pour cette action, vous remporterez une victoire sur votre inertie... Il peut s'agir simplement de se lever le matin avant la sonnerie du réveil comme on l'a vu, ou de ne pas attendre la date limite pour rendre un compte rendu de travail ou un indigeste formulaire administratif.

Ainsi, un délai limite est nécessaire, qu'il soit imposé ou librement consenti. Il constituera un stress positif, vous stimulera et favorisera le passage à l'action en évitant l'échec. Mais en essayant d'agir *avant* ce délai limite, vous exercerez votre autonomie et votre capacité à agir de votre propre chef, en vous affranchissant de la contrainte. Ces passages à l'action, s'ils se renouvellent, contribueront aussi à vous installer dans un nouveau rythme.

Attention, soyez progressifs et restez vigilants dans le respect de *votre* rythme. Une fois celui-ci installé, essayez de l'entretenir et de le stimuler, sinon votre inertie risque de refaire insidieusement surface.

Vous avez décidé de faire tous les jours un petit exercice de tonification musculaire ? Si vous ne vous y mettez pas à heure fixe, si vous ne vous imposez pas un moment précis de la journée pour le faire, c'est lui qui, de « *pas maintenant* » en « *tout à l'heure* », sera sacrifié en premier sur l'autel de votre emploi du temps surchargé ; et votre appareil de musculation se trouvera *de facto* recyclé en un portemanteau aussi cher qu'encombrant et inesthétique.

N'oubliez pas : *ce qui compte, ce n'est pas la réalisation de l'action elle-même, mais le fait de vaincre votre inertie.* Ne visez pas trop haut au début, ne vous imposez pas trop d'objectifs à la fois ; avancez lentement s'il le faut, mais surtout *interdisez-vous au maximum le renoncement !* Si chaque échec renforce votre inertie, chaque réussite vous nourrit et vous donne du punch pour la prochaine étape. N'attaquez que lorsque vous êtes sûr de vaincre.

Après tout, que nous importent le péril et la gloire...

Le corps en action **4**

*Ainsi, la faculté de faire du mouvement et d'en avoir la conscience
est une espèce de sixième sens, et le seul qui nous fasse sentir
le rapport qui existe entre notre moi et les objets extérieurs.*
Destutt de TRACY

Du fait même de sa nature qui tend à s'opposer à l'action, au changement, on évite de s'attaquer de front à l'inertie. Comment changer quelque chose qui s'oppose au changement ? Comment lutter contre une tendance qui sape nos intentions elles-mêmes ? Et puis, par où commencer ? Avons-nous vraiment une emprise sur des comportements qui font partie de nous ?

Car si ceux-ci sont bien concrets – au moins pour notre entourage –, au moment même où nous essayons d'influer sur eux, ils nous paraissent soudain abstraits, impalpables.

D'après Mihaly Csikszentmihaly[1] (en exergue de l'introduction), il existe deux stratégies possibles pour améliorer la qualité de notre vie.

---

1. Csikszentmihaly M., *Vivre. La psychologie du bonheur*, Robert Laffont, 2004.

La première consiste à agir sur *les conditions extérieures* ; c'est ce que nous avons fait jusqu'à présent en intervenant sur des aspects objectifs et externes de notre mode d'existence pour les rendre plus conformes à nos besoins.

La seconde stratégie, que nous abordons maintenant, concerne notre *expérience intérieure*, notre rapport au monde. Nous allons envisager celui-ci comme une interaction, un rapport à double sens : il s'agira d'une part d'améliorer notre façon d'accueillir ce que le monde nous offre – de recevoir ses signaux et de vivre ses contraintes – et d'autre part, d'agir sur la façon dont s'initient nos actes dans le secret de notre corps, sur la manière dont nos intentions se tournent vers le monde et s'y engagent.

Même si nos comportements visibles en seront effectivement transformés plus tard, notre attention et nos efforts porteront d'abord sur l'amélioration de nos compétences et de nos capacités *internes* de mise en action.

Une animation interne

En tant que thérapeute, on constate souvent que pour réaliser correctement un geste donné, le bon rétablissement des structures physiques
nécessaires est loin d'être suffisant.

Avant la réalisation du geste, avant que celui-ci ne s'effectue et qu'il ne soit
visible, il existe toute une organisation souterraine, une préparation invisible, un enchaînement subtil dont le geste n'est que la partie émergée.

Notre propos n'est pas de détailler ici les différentes étapes – comme
l'intention, la motivation, la planification ou la programmation… – qui,
notamment au niveau du cerveau, précèdent l'exécution du geste. En
revanche, on sait aujourd'hui qu'il existe durant cette phase une interaction très riche entre corps et cerveau, un jeu où intention et perception se
modifient réciproquement. Le corps est alors le siège de manifestations
plus ou moins visibles, notamment un ajustement, une préparation à
l'action : un réel *prémouvement*.

Ainsi, une animation discrète mais réelle des tissus de l'organisme, une
trame subtile et invisible, préfigure dans le corps le geste à venir. On
peut véritablement parler *d'une animation interne*, annonciatrice du
mouvement, trame invisible mais indispensable du geste visible.

La notion d'animation interne n'est pas neuve – le Dr Still, fondateur
de l'ostéopathie parlait déjà d'un « mouvement interne » à la fin du
XIXe siècle – mais l'idée de la relier au geste est plus récente ; elle trouve
un intérêt tout particulier dans le monde de l'art ou dans celui qui nous
intéresse ici, la relation à soi. En captant cette animation interne, nous
entrons en relation avec des élans d'actions, des ébauches d'actes.

C'est précisément cette étape de la mise en acte qui nous intéresse et
c'est pour cela que nous n'abordons pas le corps sous son aspect purement mécanique. Le corps, pour nous, est avant tout un lieu vivant

d'expériences, le creuset, la matrice de nos actes et de nos comportements. C'est par le biais du corps, par la perception précoce au sein de celui-ci de la naissance du geste, du désir profond de ce geste, que nous entrerons dans le laboratoire secret de nos actions.

Cette animation interne, il est relativement simple d'y accéder, de la ressentir ; cela réclame simplement une attention particulière et des conditions qui sortent le geste de sa fonction usuelle.

Ressentir un phénomène interne implique de prendre son temps et de s'accorder un peu d'entraînement, car il n'est ni fréquent ni aisé d'explorer ce que l'on ressent à l'intérieur de soi. Dans un entretien rapporté par le Pr. Leão, le Pr. Varela, dit ceci : « La capacité d'un sujet d'explorer son expérience n'est pas spontanée. C'est une habileté qu'il faut cultiver, c'est un véritable métier qui demande un entraînement, un apprentissage ».[1]

Nous ne pouvons percevoir l'ébauche d'un geste sans nous accorder le temps que cela réclame. Notre attention ne peut capter ces informations subtiles que si elle est affranchie des contraintes inhérentes à la réussite de ce geste : si je dois attraper une balle au vol, mon attention est focalisée sur la trajectoire de la balle et le geste est trop rapide pour que je puisse percevoir son déroulement.

Sarah, danseuse expérimentée, souffre de plus en plus de n'exécuter que la chorégraphie d'autrui ; elle a la sensation que son corps est devenu incapable de faire un mouvement qui n'a pas été appris. Et même lorsqu'elle désire improviser, elle ne fait que puiser des éléments de chorégraphie dans un ensemble déjà connu. Il lui semble ne jamais inventer un geste, ne jamais faire un mouvement relié directement à son intériorité et qui soit autre chose qu'une décision volontaire ou une recherche esthétique.

© Groupe Eyrolles

1. Leão M., *La présence totale au mouvement*, Point d'Appui, 2003.

Un jour, Sarah s'allonge sur le sol, immobile dans sa salle de danse : elle a décidé de ne plus faire un mouvement tant qu'elle n'en ressentirait pas l'impulsion profonde. Elle attend un geste qu'elle ne déciderait pas arbitrairement, un geste qui naîtrait vraiment d'elle... Elle reste ainsi, sans bouger pendant près de quatre heures. Enfin, avec une réelle spontanéité, son bras se lève lentement et sans qu'elle l'ait décidé de manière consciente.

Imaginez, le geste parfait ! Pas le plus beau, ni le plus pur ou le plus technique, mais le geste juste : la rencontre d'un état intérieur, d'un lieu et d'un moment, qui ne doit ni ne peut être autre que ce qu'il est. La notion de « juste » ne fait bien sûr pas référence à la morale, mais à l'authenticité, à *l'organicité* dont parlent les gens de théâtre[1].

« Être spontané, ce n'est pas faire ce que l'on veut, mais faire ce qui est juste » (D. Bois)[2].

Heureusement, on n'est pas obligé d'attendre quatre heures...

La somato-psychopédagogie s'intéresse donc à la perception de cette animation intérieure. Son principe est simple : il s'agit de ressentir au sein du corps ce qui se passe *en amont* d'un geste. L'animation interne se matérialise par la sensation d'un mouvement qui glisse dans le corps, comme un appel vers une direction donnée, une poussée intérieure, subtile et concrète, invitant nos muscles, nos os, nos articulations et même nos organes à se mettre en branle pour explorer une orientation, une direction d'action.

---

1. La notion d'organicité fait référence aux recherches de certains metteurs en scène de théâtre (Stanislavski, Grotowski, Barba...) sur les lois et les critères de l'authenticité, de la présence scénique. Voir pour cela le livre de Thomas Richards : *Travailler avec Grotowski»*, Actes Sud, 1995.
2. Notes de cours, Université Moderne de Lisbonne, 2003.

Cette sensation de mouvement, perceptible par chacun de nous, est plus ou moins importante ; elle présente des caractéristiques communes à tous, mais néanmoins variables selon la personne et le moment.

Le mouvement sera donc notre voie de passage, car on agit à la fois sur l'acte et sur sa matrice. Souvenons-nous que *la tendance est un mouvement ou un arrêt de mouvement à l'état naissant.* Ce mouvement naissant – tout à la fois désir profond, motivation et préparation à l'action – n'est pas une abstraction : il se matérialise par une mobilisation interne, une modulation du tonus ; il génère un état intérieur spécifique, un élan souvent savoureux, ayant le subtil parfum de l'excitation qui précède l'action.

Or, comme en physique, l'inertie est maximale à la naissance du mouvement, à l'instant précis de la *tendance*. Le fait de percevoir l'élan intérieur de façon précoce, de capter la modulation corporelle annonciatrice de l'acte, nous permet donc d'agir à la racine du problème : à cet instant précis, nous pouvons connaître l'inertie et la combattre avec efficacité.

En étudiant de cette manière inhabituelle l'élaboration d'un mouvement, en l'observant tout au long de sa réalisation, nous révélons notre inertie dans toute son étendue, mais sans la difficulté d'une action plus élaborée ou plus porteuse d'enjeu.

Il ne faut jamais oublier pourquoi nous faisons les choses. Notre objectif, c'est l'inertie, qu'on s'y attaque dans les grandes actions ou dans les petits gestes. Il est important de s'en souvenir : lorsque, au début, nous nous attaquons aux petites réalisations, notre objectif demeure la gestion de notre inertie de fond. Ces petites actions en elles-mêmes seront juste le terrain privilégié de notre lutte contre l'inertie, contre ce travers qui nous empoisonne parfois la vie et nous étouffe.

Qu'elle fasse de nous la victime résignée d'une situation professionnelle sclérosante, ou qu'elle retarde simplement la prise de rendez-vous chez le dentiste, c'est toujours la même inertie !

La résolution du plus anodin de nos symptômes est déjà un pas vers la guérison, vers une personnalité plus conquérante. Utiliser la motivation des luttes majeures pour s'attaquer aux problèmes mineurs sera notre premier atout.

Un tonus psychique

L'animation interne nous permet d'entrer en relation avec nos actes dans leur phase embryonnaire ; mais elle a pour nous bien d'autres atouts et mérite que nous l'explorions plus avant.

En effet, elle exprime non seulement une intention d'action, mais aussi une anticipation, une préparation du corps à l'acte à venir.

Prenons un exemple simple : imaginons que se fait jour en moi le projet de lever les bras vers l'avant. Si j'observe ce qui se passe dans mon corps à cet instant, je peux percevoir directement dans mes bras ou mes mains l'impulsion d'aller en avant, mais je peux aussi capter la façon dont mon corps s'y prépare : le haut du corps anticipe un léger recul facilitant le mouvement des épaules, le bassin glisse imperceptiblement vers l'avant pour maintenir l'équilibre d'ensemble. Je peux également percevoir les variations de tonus qui répartissent la mise en tension nécessaire au maintien de ma posture pendant l'action.

Exercice

Faites l'expérience ; mettez-vous debout et fermez les yeux afin de porter toute votre attention à vos sensations internes. Levez doucement les bras vers l'avant, plus haut que l'horizontale, mais sans forcer.

Vous sentez que votre corps s'adapte : vos hanches et votre bassin s'avancent tandis que vos épaules reculent légèrement ; vous pouvez également sentir les muscles de votre dos se contracter. Faites l'exercice plusieurs fois, lentement, pour bien percevoir toutes ces sensations.

Ensuite, dans la même position et en gardant les yeux fermés, ayez simplement *l'intention* de lever les bras : imaginez que vous levez les bras, mais sans le faire ; vous pouvez sentir, avec une amplitude à peine moindre, les mêmes réactions d'adaptation et d'anticipation que précédemment : léger glissement du bassin vers l'avant et augmentation du tonus de votre dos.

Cet exercice nous permet de contacter notre animation interne, quel que soit l'élément perçu – l'impulsion dans les bras, l'adaptation du bassin ou la modification du tonus dorsal. Ici, nous sommes partis d'un mouvement volontaire : nous avons décidé de faire un geste et nous avons observé ce qui se passe entre l'intention et l'exécution.

Pour aller plus loin, il suffit d'imaginer que nous ne sommes pas encore au courant du geste à venir : comme Sarah, nous pouvons nous mettre à l'écoute du corps et, parce que nous en percevons les phénomènes anticipatoires, nous sommes informés d'un projet de geste, nous pouvons nous laisser surprendre par un élan qui émerge, par l'expression d'une spontanéité intérieure.

Nous voici informés sur la richesse et l'intensité de nos élans intérieurs – que nous les réalisions ou non. Nous voici dans l'antichambre de nos actes. En la visitant régulièrement, nous verrons qu'elle est parfois comble, riche de projets savoureux et d'impulsions bien marquées ; à d'autres périodes, nous n'y trouverons au contraire que des élans répétitifs, inexorablement tournés dans la même direction et ne recelant que bien peu de vigueur. La connaissance du contexte intérieur dans lequel s'élaborent nos actes nous permettra d'adopter une stratégie en conséquence.

Éric est un de ces artistes inertifiés dont nous avons parlé, fourmillant d'idées et de projets. Parmi eux, fort peu sont mis en chantier, et seule une infime partie arrive à terme. Or, chez Éric, l'animation interne est apparemment très riche. Il est assez facile de la percevoir et elle semble varier en permanence. Mais très vite, nous constatons que cette animation interne est totalement désordonnée. Elle change d'orientation à une telle fréquence qu'il est impossible de la suivre, de la relier à un geste. À certains moments, sa colonne semble partir en avant ; mais avant même qu'Éric ait pu ressentir suffisamment cette ébauche de geste pour envisager de la poursuivre de manière visible (et bouger effectivement vers l'avant) l'orientation change soudain. Elle ne permet jamais d'aller au bout de l'amplitude possible. De plus, l'animation interne paraît superficielle, elle ne concerne pas vraiment les structures profondes du corps, et « glisse » comme le ferait un courant d'air.

Tout se passe comme si le corps d'Éric était le siège d'une animation interne trop changeante pour mener à une action coordonnée, et trop superficielle pour le concerner vraiment.

Notre réalité corporelle interne est en quelque sorte la matrice de notre comportement. Comment avoir des axes dans sa vie quand le corps ignore ce que c'est ? Comment mener une action à terme lorsque l'élan intérieur change d'intention à un rythme aussi déroutant ? Comment agir lorsque nos élans ne *prennent pas forme* dans notre corps ? Il est évident que nous ne pouvons pas modifier notre comportement tant notre corps n'y est pas prêt, tant qu'il n'a pas les moyens de le faire.

Garder à l'esprit ce regard global nous permettra de ne pas dissocier le corporel du psychique. Ce qui fait le lien entre eux, ce qui réalise l'unité corps/psychisme, ce qui les relie l'un à l'autre, c'est le mouvement. De fait, l'animation interne dont nous venons de parler est exactement à la croisée de nos tendances et de nos actes ; elle est l'expression corporelle de nos désirs qui s'annoncent et le scénario d'un acte à venir.

© Groupe Eyrolles

87

Parmi les différents ingrédients de l'animation interne, du lien entre corps et psychisme, l'élément majeur est la *modulation tonique*.

Qu'est-ce exactement que la modulation tonique ? Nous savons que le tonus est une activité corporelle de base : il lutte contre la gravité et nous permet de garder une posture cohérente et stable, alors même que nous bougeons sans cesse. Mais il révèle aussi notre tension intérieure, que celle-ci découle d'une influence externe – trop de stress, un événement qui nous touche particulièrement – ou qu'elle soit le fruit d'une activité psychique interne, depuis une simple activité de calcul mental jusqu'à l'émotion intense qui accompagne nos plus grands projets.

La modulation tonique

Le tonus est avant tout une tension ; le tonus musculaire de base correspond à la tension qui siège dans un muscle au repos. Le tonus varie en fonction de notre posture, de nos activités : il est plus important debout que couché par exemple. Il permet une adaptation du corps à ce que nous faisons : si nous soulevons un objet avec le bras gauche, nous avons une augmentation du tonus des muscles du tronc côté droit pour compenser le déséquilibre et pour maintenir notre colonne.

Mais le tonus est beaucoup plus que cela et ses fonctions sont multiples, ainsi que le rappelle H. Courraud-Bourhis[1] ; en voici les principales :

• Fonction antigravitaire : résistance à la pesanteur.

• Fonction posturale : maintien de la posture et adaptation des attitudes en fonction des activités motrices.

• Fonction de vigilance : le degré d'attention et de concentration se traduit par une modification du tonus.

1. Courraud-Bourhis H., *Le sens de l'équilibre*, Point d'Appui, 2002.

- Fonction émotionnelle : le tonus constitue un des supports physiologiques de l'émotion.

- Fonction d'élaboration de la conscience identitaire : le tonus contribue à forger la conscience de soi et de l'autre.

- Fonction d'expression et de communication : outil essentiel de dialogue du nourrisson, le tonus demeure plus tard un support majeur de la communication non verbale.

Ces différentes fonctions placent bel et bien le tonus à l'interface du corps et du psychisme. Pour Boscaini, « le tonus constitue le fil qui va de l'organique au psychique »[1], tandis que Wallon note que « c'est par sa motricité, par sa tonicité, par ses fonctions posturales, que le corps devient psyché, et telle personne plutôt qu'une autre ».[2]

Par sa fonction expressive, le tonus est aussi expression de soi ; selon H. Godard, cité par Leão, « c'est le tonus qui va produire la charge expressive du geste que nous allons exécuter ».[3]

Mais la modulation tonique ne révèle pas seulement les fluctuations d'un état intérieur ; elle en est aussi l'aspect corporel, l'incarnation. C'est ce que certains résument par l'expression « tonus psychique ». Selon E. Berger, « un tonus trop élevé signe une surcharge affective, un non-dit ou un excès de stress ; en retour, il entretient la difficulté qui est à son origine ».[4]

Le Pr. Bois emploie le terme de « psychotonus » et estime que celui-ci concerne véritablement la *matière* du corps et pas seulement les muscles ; selon lui, la capacité de modulation du psychotonus révèle l'aptitude qu'a l'individu à s'adapter à l'imprévisible.

1. Boscaini, « Le tonus : une fonction de synthèse corps esprit », in *Évolutions psychomotrices* n° 19, 1993.
2. Zazzo R., *Psychologie et Marxisme – La vie et l'œuvre de Henri Wallon*, Denoël/Gonthier, 1975.
3. Leão M., *op. cit.*
4. Berger E., *Le mouvement dans tous ses états*, Point d'Appui, 2000.

Ainsi en intervenant sur la modulation tonique, on agit sur le bien-être corporel, mais on produit également un apaisement émotionnel et cognitif ; on rétablit une certaine fluidité psychique.

Dans le cadre de notre action sur l'inertie, la modulation tonique présente donc un double intérêt : elle permet d'une part de percevoir le terrain sur lequel germent nos actions futures, et d'autre part d'agir sur ce terrain, de le rendre propice à la pleine éclosion de nos actes.

Grâce à la notion de tonus psychique, nous pouvons accéder à une vigilance intérieure et mettre en place une disponibilité corporelle et psychique à la mise en action.

Mon corps, c'est moi

Que cela semble évident ou non, mon corps, c'est moi… Enlevons notre corps, nous ne sommes plus là ! Il ne s'agit cependant pas uniquement de notre existence biologique, mais bel et bien de notre identité et de la conscience que nous en avons.

Au sein de notre corps niche une infinie diversité de capteurs sensoriels. Chacun d'eux émet en permanence quantité de signaux qui sont pour nous autant d'informations précieuses. Ainsi, avant même la naissance, c'est par ses perceptions que le fœtus entre en relation avec son environnement et s'en différencie. Plus tard, l'enfant se bâtit une image du monde et de lui-même à partir de ses expériences sensorielles.

C'est par le corps que l'on s'incarne, que l'on agit et que l'on survit dans un environnement. Mais plus que cela, l'identité, le fait même d'être soi, est d'abord éprouvée par le corps.

Cette conscience de soi repose en grande partie sur une capacité sensorielle bien connue de la science : la proprioception.

Proprioception et conscience de soi

À la fin du XIXᵉ siècle, Sherrington met en évidence des petits capteurs, situés dans les muscles et les articulations, qui nous permettent de connaître notre position et nos mouvements, même les yeux fermés. Il pressent d'emblée la portée de cette forme de perception, puisqu'il la nomme *proprioception* (perception de soi) et la qualifie « *d'ancrage organique de notre identité* ».[1]

Avant lui, dès la fin du XVIIIᵉ siècle, le philosophe Maine de Biran s'opposait à Descartes en argumentant qu'il se sentait exister en se sentant bouger. Pour lui, le sentiment d'exister est puisé dans l'acte volontaire, quand le *vouloir* se concrétise dans une action : ce n'est plus *je pense, je suis*, mais : je veux et je ressens ce que je veux, je fais et je ressens ce que je fais.

Ce sentiment d'exister est d'une telle évidence que jamais on ne s'en émerveille. Et pourtant...

Aujourd'hui, la conscience de soi est devenue un enjeu majeur de la recherche scientifique. De nombreux chercheurs mettent en avant l'ancrage corporel de la conscience de soi (qui est à la fois conscience d'être et conscience d'être ce que l'on est).

Le Pr. Roll, du CNRS de Marseille, parle d'un *sentiment d'incarnation*[2], qui selon lui provient de la proprioception musculaire, des petits capteurs situés dans les muscles découverts par Sherrington.

Pour A. Damasio[3], neurophysiologiste, la « conscience de soi » — la notion même de *soi* — prend également racine dans le corps ; elle relève notamment de la biologie (et plus particulièrement des viscères et de la chimie du sang), de ce sens du corps de la posture et du mouvement qu'est la proprioception, et enfin du toucher.

---

1. Roll J.-P., « Sensibilités cutanées et musculaires », in Richelle M., Requin J., et Robert M., *Traité de psychologie expérimentale*, PUF, 1994.
2. Roll J.-P. et Roll R., « Le sixième sens », *Science et Vie* n° 195, juin 1996.
3. Damasio A., *Le sentiment même de soi, corps, émotions, conscience*, Odile Jacob, 2002.

Ces trois niveaux de perception — le toucher, la proprioception et la sensibilité profonde — nous permettent de savoir que nous avons un corps délimité par un contour, un corps qui se tient dans telle position et qui fait tel mouvement ; un corps qui éprouve la faim ou la soif, le bien-être ou le désir. Plus encore, c'est la permanence de notre relation à ces perceptions qui nous permet de savoir que c'est nous — moi et pas un autre — qui éprouvons cela. Parce que nous percevons que quelque chose change, nous savons qu'il existe un « moi » qui, lui, demeure au-delà de ces changements.

Ces données nous sont confirmées par la pathologie, comme dans le passionnant petit ouvrage du neurologue Oliver Sacks, *L'homme qui prenait sa femme pour un chapeau*[1]. Dans le chapitre « La femme désincarnée » il raconte l'histoire de Christina, qu'une atteinte neurologique prive subitement de toute proprioception. Lorsqu'elle ne voit pas son corps, elle ignore où il se trouve. Elle ne peut dormir dans l'obscurité, car, au réveil, elle est incapable de connaître sa position ou ses mouvements : « *Je peux perdre mes bras. Je les crois à un endroit et je les retrouve ailleurs.* »

Au fil du temps, Christina réapprend à manœuvrer en contrôlant visuellement tous ses gestes, mais elle se sent toujours désincarnée, elle ne retrouve pas la sensation d'être.

Dans le même ordre d'idées, si c'est bien le toucher qui nous permet d'appréhender la dureté, la chaleur et la texture d'un objet, c'est en revanche la proprioception qui nous en donne la forme et l'épaisseur. En fonction de la façon dont mes doigts sont pliés, je sais si l'objet que je tiens dans ma main est plus ou moins gros.

Une patiente, ayant elle aussi une atteinte de la proprioception, témoigne de son profond désarroi lorsqu'elle serre son fils dans les bras : non seulement elle ne se ressent pas elle-même, mais elle ne peut pas non plus accéder au volume de son enfant — à la place qu'il occupe lorsqu'elle le porte contre son cœur.

Il est difficile de mesurer l'importance réelle de la proprioception. Comme le souligne Ève Berger : « En général, en dehors d'une pathologie grave, on

---

1. Sacks O., *L'homme qui prenait sa femme pour un chapeau*, Seuil, 1992.

sait qu'on est soi, sans avoir besoin de se le dire. La certitude d'être soi, tout comme la certitude que ce corps est bien le nôtre, est une évidence si familière qu'on ne s'en préoccupe jamais ».[1]

Pourtant, son expérience de clinicien amène Oliver Sacks à nous rappeler que « le côté incontestable du corps, la certitude de son existence est (...) le début et la base de toute certitude ».[2]

En interrogeant notre corps, nos gestes, nous avions pour enjeu d'entrer en relation avec la racine de nos comportements, avec nos *tendances* en amont de leur expression. Mais il s'avère que le corps est aussi un moyen extraordinaire de rencontre de soi et de découverte de notre identité. Parce qu'il en est l'incarnation, il nous permet de nous approprier notre inconscient, de découvrir qui nous sommes. À notre tour, alors, d'enrichir ce « qui nous sommes » et de l'impliquer dans l'action.

Cette relation intime à soi, cette *présence de soi* dans l'acte nous permet d'envisager non seulement un changement de nos comportements apparents, mais surtout un résultat durable, une réelle transformation de nous-mêmes et de notre rapport profond à l'action.

À l'écoute du corps, à l'écoute de soi

Effectivement, mon corps est l'expression la plus concrète et la plus authentique de qui je suis. Il en est probablement aussi l'expression la plus immédiate, celle qui devrait être la plus accessible. D'où vient alors que le corps soit si rarement pris en compte ?

---

1. Berger E., *op. cit.*
2. Sacks O., *op. cit.*

93

C'est avant tout une question de langage : là où nous utilisons habituellement des mots, le corps utilise des mouvements ; or, si dans les deux cas c'est moi qui m'exprime, la compréhension – la prise en compte consciente et porteuse de sens – est plus délicate quand il s'agit de mouvement.

Et en plus d'avoir du mal à comprendre ce que le corps exprime, je ne l'écoute pas vraiment : de nos jours, le corps est un outil prié d'obéir ou une image que l'on veut esthétique, rarement un interlocuteur. Las d'être ignoré, le corps hausse parfois le ton ; douleurs et symptômes sont alors un cri du corps pour se faire entendre et respecter.

Avouez qu'il y a peu de chances que je me rencontre…

Guy est fleuriste ; passionné par son art, il se morfond néanmoins dans un petit village sans avoir l'élan d'en bouger. Il vient me consulter pour des douleurs lombaires chroniques, qui tendent à devenir quasiment permanentes depuis quelque temps. Il se prépare pour un concours de niveau national, mais il m'avoue qu'il hésite encore à se présenter, à fournir l'effort nécessaire pour cela. Après l'avoir soulagé par un traitement manuel, je l'invite dès la seconde séance à s'asseoir sur une chaise et à faire ce que l'on appelle un mouvement de base avant/arrière. Il s'agit simplement d'avancer toute la colonne vertébrale vers l'avant, toutes les parties de la colonne devant aller dans la même direction, à la même vitesse et dans la même amplitude (cet exercice est présenté plus loin en détail).

Après quelques tâtonnements, l'exercice est parfaitement réalisé.

Je lui demande alors : « Quelle différence ressentez-vous entre le mouvement avant et le mouvement arrière ? »

La réponse fuse : « Pas de différence particulière ! »

J'insiste un moment, lui faisant refaire le mouvement plusieurs fois, formulant ma question de diverses manières ; rien n'y fait, il me dit ne rien sentir.

Convaincu du contraire, je lui fais faire l'exercice une nouvelle fois, lui disant qu'il perçoit probablement une différence, mais que son attention ne parvient pas à en prendre acte ; je lui suggère d'associer n'importe quelle idée à la différence entre ces deux mouvements : l'un est rouge et l'autre vert, ou encore l'un ressemble à une rose et l'autre à un glaïeul – n'importe quoi, mais quelque chose !

Ébranlé, il refait le mouvement ; d'abord tout va en avant, très lentement ; un petit temps d'arrêt, puis tout va en arrière... Enfin, il me dit « c'est plus facile vers l'arrière, mais c'est plus agréable vers l'avant. »

Ces quelques mots ont pour lui une résonance immédiate et je n'ai aucun besoin de la pointer, car c'est exactement ce qui se passe dans sa vie à cette période : s'engager dans l'action (aller de l'avant) est plus difficile, mais beaucoup plus nourrissant que de rester sur ses acquis (posture de retrait). Il est important de garder à l'esprit que cette compréhension du mouvement – nous parlons bien d'une lecture et pas d'une interprétation – repose sur une perception intérieure, un ressenti qui livre lui-même le sens qu'il contient.

Le terme « éprouver » est peut-être celui qui résume le mieux notre démarche. Il évoque à la fois une sensation corporelle et sa résonance, la façon dont elle nous touche ; il signifie ressentir, mais aussi mettre à l'épreuve – donc mettre en œuvre, en action. Éprouver la modulation tonique, c'est s'impliquer pleinement, en tant que soi vivant, agissant et sensible.

Cette sensibilité ne se résume pas aux cinq sens (ni même, si l'on tient compte de la proprioception, aux six) ; c'est une présence, une disponibilité de temps, d'attention : « Dans cette attitude suspensive, surgit l'opportunité d'une perception contemplative dans laquelle s'éprouvent un silence, une absence de perturbation, une absence d'attente, une absence d'influence permettant de saisir l'émergence du mouvement ».[1] (D. Bois)

1. Leão M., *op. cit.*

L'enjeu est alors de saisir ce mouvement à sa source pour le restituer de manière fidèle, authentique. Il nous faut laisser cette volonté intérieure, préréflexive, guider nos décisions, afin que, comme l'exprime le philosophe Maine de Biran : « Je le pousse autant que j'en suis poussé ».[1]

Que l'on se laisse guider par cette modulation, ce mouvement interne, et nos actions deviennent fluides, coordonnées, efficaces et savoureuses.

Nous sommes alors comme les grands sprinters quand ils rencontrent cet état de grâce où le corps se relâche, où le temps se ralentit, où la conscience de l'action est parfaite – non pas concentrée mais panoramique. En sport, cet état se nomme *flow* ; on pourrait le traduire par le terme « flux ». Il est considéré comme un moment magique, celui où l'on fait la course parfaite. Malheureusement, en sport, cet état reste un peu mystérieux et on ne sait trop comment y accéder. Oublions donc la notion de performance pour porter notre attention sur les constituants intrinsèques de cet état : le relâchement, la sensation de lenteur et une implication particulière dans le geste.

© Groupe Eyrolles

---

1. Maine de Biran, *Œuvres complètes*, Slatkine, 1982.

Plan d'action

5

On n'aime plus guère cette vie-là, mais au moins on sait de quoi elle est faite.
Si on la quitte, il y aura un temps où on ne saura plus rien. Et c'est ce rien
qui vous effraie. Et c'est ce rien qui vous fait hésiter, tâtonner,
bégayer – et finalement revenir aux voies anciennes.
Christian BOBIN

À ce stade, je vous propose un petit récapitulatif, une sorte de résumé des épisodes précédents, et surtout une annonce des chapitres à venir. Cet entracte est très utile ; il vous permettra de faire le point sur ce qui a déjà été entrepris, de vous situer dans votre parcours à venir et d'en avoir une vision panoramique.

Avant toute chose, il vous a fallu évaluer jusqu'à quel point vous étiez concerné par l'inertie :

- En souffrez-vous ? Vous handicape-t-elle dans votre quotidien ?

- Cette gêne est-elle de nature matérielle – pas de concrétisation professionnelle ou financière, projets qui stagnent... –, de nature plus intérieure – sensation de ne pas se réaliser, frustration, atteinte de l'estime de soi… – ou encore est-elle surtout celle de l'entourage qui vous reproche votre inaction ?

- Dans quel profil d'inertifié vous reconnaissez-vous le plus ? À défaut, pouvez-vous tracer, en quelques lignes, votre propre portrait d'inertifié ?

Ensuite, en lien avec vos premières réponses, vous avez vérifié votre motivation :

- Êtes-vous motivé de vous-même ou subissez-vous la pression de votre entourage, familial ou professionnel ?
- Quelle est l'ampleur de votre motivation ? En avez-vous « ras-le-bol » de ne pas être davantage productif, ou rêvez-vous simplement de concrétiser un jour une partie au moins de vos idées géniales et de vos magnifiques projets ?

Dans la foulée, vous vous êtes penché sur votre mode de vie :

- Avez-vous un sommeil satisfaisant, en qualité et en quantité ? Avez-vous, spontanément ou non, un rythme veille/sommeil qui vous convient et vous met dans des conditions optimales ?
- Votre mode alimentaire est-il équilibré, vos apports biologiques sont-ils suffisants ?
- Qu'en est-il de votre hygiène de vie d'une manière générale ? Pratiquez-vous un sport ?
- Enfin, vous avez porté attention à votre capacité d'initier vos actions sans la pression d'une contrainte.

Cela fait, nous avons envisagé le corps comme creuset de nos actions et mis en avant l'existence d'une modulation tonique, sorte de mouvement interne précurseur de l'action. Cette animation interne va être notre interlocuteur principal dans les pages qui suivent.

- Nous allons d'abord nous familiariser avec cette modulation tonique et mettre en place des préalables nécessaires pour la ressentir et la faire évoluer.

- Ceci fait, nous allons pouvoir agir sur notre modulation tonique dans une direction spécifique. Nous aborderons ainsi trois orientations de travail corporel qui constitueront nos principaux ingrédients anti-inertie.

- Enfin, nous effectuerons un panorama d'autres ingrédients moins systématiquement concernés mais souvent utiles en vue d'améliorer la qualité de l'action.

Le retour à soi que constitue cette approche nous incitera alors à réévaluer ce qui motive en profondeur nos actions, notre philosophie de vie.

TROISIÈME PARTIE

On passe à l'action

1

Se mettre en mouvement

Un détail de son mouvement que l'on découvre,
c'est une partie de soi que l'on se réapproprie.
Danis BOIS

Entrer en relation avec notre animation interne nous permet d'enrichir nos comportements et de renouveler nos capacités d'action. Cette stratégie a l'avantage de ne pas heurter notre inertie : plutôt que de nous préoccuper de ce qui ne va pas, de nos impuissances, nous allons emprunter la voie du corps – voie « détournée », mais finalement très directe – pour ajouter à nos compétences.

Le caractère anticipateur de l'animation interne se révèle fort utile : les informations nous sont fournies à l'avance, avant même l'action ; nous pouvons dès lors en tenir compte pour engager celle-ci de manière adaptée. Lorsqu'on est victime d'inertie, cette perception d'un *soi agissant* présente des atouts certains !

Préalables

Pour accéder à la perception de l'animation interne, il faut mettre en place quelques principes de base, que nous respecterons quel que soit l'exercice effectué ou le but recherché. Ils sont en quelque sorte nos plus sûrs alliés pour accéder à la modulation tonique – au prémouvement – ainsi qu'à nous-mêmes. Pour autant, ce ne sont pas uniquement des préalables, car ils offrent également des atouts certains vis-à-vis de l'inertie.

Ralentir pour ressentir

Que penseriez-vous en voyant un de vos amis traverser d'un pas vif une exposition de Van Gogh, ou encore boire d'une traite un verre de Rabaud-Promis 1975[1] ? Un tel comportement vous paraîtrait pour le moins regrettable…

Or, si l'enjeu est de moindre importance, l'effet est le même dans un geste utilitaire effectué à vitesse normale : les perceptions sont très restreintes, aussi bien en nombre qu'en qualité ; l'attention, uniquement préoccupée du but à atteindre, ne s'attarde guère aux détails du mouvement. Pour percevoir ce qui en général ne l'est pas, il faut s'en donner le temps. En ralentissant le geste – à condition toutefois qu'il reste fluide, que le ralentissement ne soit ni excessif ni contrôlé de manière artificielle – on parvient peu à peu à une lenteur de mouvement qui fait émerger un maximum de sensations à la conscience. On parle alors de paroxysme perceptif.

L'attention n'est plus tournée vers un objectif extérieur, mais se pose sur le contenu même du geste. On fait en quelque sorte un geste gratuit,

---

1. Il s'agit d'un excellent premier cru classé de Sauternes…

sans autre intérêt que lui-même et la sensation qu'il procure : on est attentif au moment précis de son déclenchement, à la qualité de son déroulement, au lien qu'il conserve avec l'élan qui l'a déclenché ; dans un second temps, on sera aussi attentif à son « goût », – c'est-à-dire à l'effet qu'il produit, aussi subtil soit-il.

Exercice

Prenons pour commencer un geste simple : tournez la tête de droite à gauche. À vitesse normale, et à moins que vous n'ayez un torticolis, ce mouvement ne vous apprend pas grand-chose...

Maintenant, effectuez-le lentement, en prenant le temps de sentir le moment de son déclenchement. Observez, et si possible ressentez, le trajet parcouru dans l'espace par votre nez ou votre menton ; vous constatez que cela change la texture du mouvement.

Ensuite, fixez votre attention sur vos oreilles : elles effectuent dans l'espace un trajet dissocié — l'une se déplace vers l'avant, tandis que l'autre se déplace vers l'arrière. Vous constatez en même temps que votre mouvement est plus relâché : le simple fait de changer l'intention qui sous-tend le geste modifie le tonus.

Portez ensuite votre attention sur la participation successive des différentes vertèbres du cou. Prenez acte de la sensation de glissement ou au contraire de grippage de leur mouvement ; le mouvement de rotation est-il agréable ? désagréable ?

Toutes ces informations ne sont accessibles qu'à une certaine lenteur ; une fois cette lenteur acquise, d'autres sensations et d'autres informations pourront émerger spontanément au cours de l'exercice.

Cette lenteur correspond également à la vitesse de réalisation de la modulation tonique ; elle nous permet, en temps réel, d'être en lien avec l'acte que nous effectuons, avec ce qui se passe en nous au cours de celui-ci et avec les effets positifs ou négatifs qu'il déclenche. Elle nous invite à nous observer dans l'action et nous donne la possibilité de le faire. En effet, bouger lentement offre le temps nécessaire à une prise en compte consciente de toutes nos perceptions. On peut alors ajuster notre geste en fonction des informations perçues.

Cet exercice s'avère donc intéressant si vous vous sentez coupé de vous-même. Quand vous avez l'impression que vous n'arrivez plus à mener votre vie, mais que c'est elle qui vous mène, ou encore quand vous vous sentez victime de vos conditions de vie (y compris celles que vous avez vous-même contribué à mettre en place), la lenteur vous permet de retrouver une présence – et donc une efficacité – à l'action que vous menez.

Par ailleurs, quel que soit son profil, l'inertifié ne vit pas bien l'urgence ; elle est pour lui source de pression et bien souvent de moindre efficacité.

Faire une pause, expérimenter le goût de la lenteur – c'est-à-dire reprendre contact avec la sensation du temps qui se déroule – est une excellente méthode pour retrouver ses moyens !

Se relâcher pour se rendre plus disponible

Le muscle est un organe merveilleux aux capacités sensorielles largement méconnues. Il est surtout associé à la force et à l'action. Malheureusement, dans cette fonction, son comportement est très « volontaire » ; or nous souhaitons laisser émerger un élan intérieur, une modulation subtile, presque timide.

Il faut donc que la volonté s'efface un instant et pour cela, il faut être le plus relâché possible ; moins le mouvement est « tenu », contrôlé, plus il laisse de place à une expression spontanée et une perception claire de la modulation tonique. On commence par un relâchement musculaire tout simple, et on évolue progressivement vers un état global de relâchement, une sensation généralisée d'ouverture qui entraîne une attitude intérieure de disponibilité à un mouvement non prémédité.

Exercice

Inclinez cette fois la tête sur le côté. Commencez par rapprocher l'oreille de l'épaule de manière très volontaire, en penchant l'oreille gauche vers l'épaule gauche. Comme pour l'exercice précédent, notez la qualité de vos sensations.

Revenez en position normale ; à présent, laissez descendre votre tête en vous relâchant. Sentez qu'elle s'éloigne doucement, presque passivement de sa position de départ, comme si vous la laissiez se déposer, s'abandonner sur l'épaule. Observez dans un premier temps la différence dans vos sensations.

Essayez ensuite de ressentir le muscle qui se relâche et s'allonge pour permettre ce mouvement ; il s'agit du muscle situé du côté opposé à l'inclinaison (si vous penchez la tête à gauche, vous ressentez l'allongement du trapèze droit qui semble presque « pousser la tête » vers la gauche). Vous pouvez constater que l'amplitude du mouvement est plus grande dans ce dernier cas.

Ainsi, la façon de vivre un même geste est très différente : le relâchement offre des sensations à la fois plus riches et plus agréables.

Le relâchement est un effacement de la volonté au profit de la spontanéité, un espace que notre *vouloir-faire* habituel laisse à nos élans intérieurs. L'état de relâchement nous permet aussi d'avoir une attention plus ouverte ; en étant moins focalisé sur un objectif prédéterminé, nous sommes plus disponibles à l'opportunité qui se présente, plus aptes à la concrétiser. Dans son *Traité de l'efficacité* François Jullien parle de « la disponibilité de la conscience permettant d'éprouver la globalité du procès » (c'est-à-dire du processus) et d'aboutir à « la capacité d'anticiper »[1]. La lenteur et le relâchement sont à la base de cette disponibilité de la conscience, et donc de la capacité d'anticipation.

Le relâchement permet ainsi une action plus pertinente et mieux adaptée aux circonstances.

Un exercice de relâchement – l'exemple ci-dessus pouvant être étendu à l'ensemble du corps et à d'autres types de mouvements, comme ceux présentés plus loin – est une aide précieuse lorsque nous nous épuisons dans des efforts démesurés, mais vains, à l'encontre de notre inertie. Relié à la modulation tonique, l'acte est plus profond, nourri d'un élan plus incarné ; moins arbitraire, il est plus pertinent et plus efficace, tout en demandant un effort moins coûteux. Il nous installe dans une façon inhabituelle de fonctionner, nous permettant d'accéder ainsi à une réelle

---

1. Jullien F., *Traité de l'efficacité*, Grasset, 1997.

nouveauté dans notre rapport à l'action. Cela s'avère très utile quand nous envahit cette lassitude si particulière des actes répétés et contraints, cette sensation pesante de devoir faire encore et toujours les mêmes efforts pour enfin parvenir à produire quelque chose qui ressemble à un acte.

Ouvrir ses yeux vers l'intérieur

Vous avez sans doute remarqué que, lorsque nous écoutons une musique qui nous touche particulièrement, nous avons tendance à fermer les yeux afin de bien la laisser pénétrer en nous.

Il en va de même pour le mouvement : fermer les yeux nous permet de tourner notre attention vers l'intérieur, nous rend plus disponible à l'écho intérieur du geste.

Il existe à cela une explication purement physiologique : schématiquement, au niveau du cortex, les informations visuelles sont traitées de manière prioritaire sur les informations proprioceptives (les sensations corporelles internes de mouvement). En fermant les yeux, on laisse donc de la place pour les informations proprioceptives, et on favorise l'émergence de la sensation de mouvement.

Exercice

Installez-vous en position assise, sans vous adosser, les pieds à plat au sol et les mains posées sur les cuisses. Les yeux ouverts, enroulez votre colonne vertébrale en vous penchant vers l'avant (non pas en inclinant toute la colonne d'un bloc, mais en la laissant s'enrouler progressivement vers l'avant) ; soyez bien relâché et laissez le mouvement se faire, lentement et de manière fluide.

Ensuite, faites le mouvement retour, c'est-à-dire un mouvement d'extension de la colonne.

Répétez ce geste plusieurs fois. Lorsque vous sentez que le relâchement et la lenteur les plus propices à l'émergence des sensations corporelles sont installés, fermez les yeux, et recommencez.

Comparez vos sensations. Vous allez constater qu'il vous est plus facile de porter votre attention sur le déplacement dans l'espace de vos vertèbres lombaires (dans le bas et le milieu du dos) : celles-ci glissent horizontalement en arrière quand vous vous enroulez en avant, et, inversement, elles glissent horizontalement vers l'avant quand vous faites une extension de la colonne.

En fermant les yeux, vous parvenez donc à être en relation perceptive avec les deux constituants de votre mouvement ; votre tête décrit un arc de cercle vers l'avant, tandis que vos lombaires effectuent un glissement linéaire vers l'arrière. Vous pouvez alors refaire l'exercice les yeux ouverts puis de nouveau fermés et comparer ainsi la richesse des informations sensorielles que vous en retirez.

Fermer les yeux favorise donc la prise d'informations au sein du corps. Si la lenteur permet d'accéder à un paroxysme perceptif, le fait de fermer les yeux correspond plus largement au fait de poser son attention à l'intérieur de soi (souvenons-nous que le terme proprioception signifie littéralement « perception de soi ») et de capter ce qui s'y passe, c'est-à-dire de saisir des informations sensorielles au service de l'action et d'en apprécier les effets. Pour cette raison, nous effectuerons tous nos exercices les yeux fermés.

Cette donnée est particulièrement importante lorsque notre attention est aspirée par les contraintes extérieures, nous poussant à négliger notre rapport à l'action concernée, notre façon de la mener et de la vivre. À chaque fois que nous sommes en passe d'oublier ce qui nous motive et ce qui nous tient à cœur, chaque fois que nous tendons à nous couper de ce qui nourrit notre action, il est opportun de fermer les yeux et de s'ouvrir à soi.

Engager tout son corps pour s'impliquer

Agir de manière relâchée, « décontractée », ce n'est pas pour autant se comporter en dilettante. Réussir un acte, par essence, demande que l'on s'y engage, surtout si l'on souffre d'inertie. Cet engagement doit lui aussi être ressenti et vécu en temps réel. Le support sensoriel d'un engagement plein est le mouvement linéaire ; quel que soit l'exercice effectué, celui-ci devra toujours accompagner notre geste.

Qu'appelle-t-on exactement « mouvement linéaire » ?

On qualifie de « circulaires » les mouvements qui dessinent un arc de cercle ; c'est le cas de tous nos mouvements ordinaires, comme incliner la tête ou lever le bras. Dans les deux cas, le haut du crâne ou de la main dessine un arc dans l'espace.

À l'inverse, un mouvement linéaire est un mouvement rectiligne, uniforme, dans lequel le corps va s'engager, globalement ou en partie ; au lieu de tracer un arc de cercle, la partie du corps qui est concernée va tracer une ligne droite. Le mouvement linéaire est le complice secret du mouvement circulaire : il passe souvent inaperçu, alors qu'il est un facteur d'équilibre incontournable. C'est un exemple connu en bio-mécanique : lorsque je suis debout et que je me penche en avant, mon bassin glisse horizontalement vers l'arrière. Ce glissement horizontal constitue un mouvement linéaire.

Cependant, il ne suffit pas de savoir que ce mouvement linéaire existe ; il s'agit pour nous de le *ressentir*…

Exercice

En position assise, enroulez la tête vers l'avant, dans un mouvement lent et relâché. Le sommet de la tête décrit dans l'espace un arc de cercle, ici vers l'avant : c'est ce que nous appelons un mouvement circulaire.

Répétez ce geste plusieurs fois, puis fixez votre attention sur vos vertèbres cervicales. Vous observerez que, pendant que la tête réalise sa trajectoire circulaire, les vertèbres du cou effectuent un léger glissement vers l'arrière. Ce glissement est horizontal, linéaire ; il s'effectue en sens inverse du mouvement circulaire — quand la tête s'incline en avant, les cervicales glissent légèrement vers l'arrière.

Ce glissement linéaire en sens inverse du mouvement circulaire est le garant de la fluidité et de l'harmonie du geste ; sa présence diminue l'effort musculaire nécessaire. Le mouvement linéaire est l'expression d'une participation plus globale du corps à la réalisation du geste. Si je poursuis le mouvement d'enroulement de la tête vers l'avant (le mouvement circulaire), le glissement vers l'arrière (mouvement linéaire) va progressivement concerner aussi les dorsales et les lombaires. Objectivement, l'amplitude du mouvement linéaire est très réduite ; mais en prêtant attention à chaque millimètre parcouru, on a l'impression de parcourir une distance plus grande. La sensation de profondeur et de présence à soi qui s'en dégage est particulièrement bénéfique.

On pourra par la suite articuler sur ce mouvement linéaire une action gestuelle classique, fonctionnelle et aux composantes plus circulaires, par exemple un mouvement des bras. On veillera simplement à garder un lien entre les deux composantes du geste – linéaire et circulaire –, comme si le mouvement linéaire venait propulser de l'intérieur le mouvement circulaire.

Sans le mouvement linéaire, il est difficile de rester relâché ; essayez par exemple, en ayant le dos et les talons collés au mur, de vous pencher en avant : le bassin ne pouvant pas reculer, vous êtes obligé de crisper les jambes pour ne pas tomber !

En tant que complice du mouvement circulaire, le mouvement linéaire assure donc la fluidité et l'équilibre ; il contribue grandement au relâchement, c'est-à-dire qu'il favorise l'efficacité du geste à un coût énergétique moindre.

Lorsque nous essayons de mener nos actions en force, par excès d'implication, ou à l'inverse quand nous agissons sans être suffisamment intéressés (dans le bon sens du terme) à ce que nous faisons – en bref, quand nous avons perdu le « feeling » – il y a déséquilibre entre investissement dans l'action et réalisation de cette action. Retrouver la coordination de base entre mouvement circulaire et mouvement linéaire devient alors une priorité. Cet exercice est une bonne base pour aborder l'inertie, car il apaise en quelque sorte notre rapport à l'action : nous avons moins besoin de nous forcer, sans pour autant sombrer dans l'inaction.

Il existe une autre forme de mouvement linéaire, appelée *mouvement de base* : c'est une intention d'emmener l'ensemble du corps dans une seule et même direction, avec la sensation bien concrète de tracer un rail dans l'espace. Le mouvement linéaire n'est plus ici un complice discret du mouvement circulaire : seul en scène, il est l'objet de toute notre attention. Le mouvement circulaire, quant à lui, reste discret, existant juste assez, dans certaines articulations, pour qu'émerge la sensation d'un glissement uniforme, linéaire, de tout le corps.

Exercice

Installez-vous sur une chaise, le dos décollé du dossier ; reprenez vos préalables de relâchement et de lenteur. La consigne, cette fois, est de faire avancer vers l'avant toutes les vertèbres de la colonne, en même temps, à la même vitesse et dans une même amplitude. Imaginez que votre colonne fait un petit glissement vers l'avant, en restant bien verticale et sans faire d'effort. Le bassin doit être bien relâché et capable de rouler sur la chaise pour permettre aux vertèbres lombaires d'avancer autant que les cervicales, de tracer un trait horizontal de la même longueur que celui que tracent les cervicales (sinon, les cervicales vont beaucoup plus loin que les lombaires, et on se retrouve penché en avant).

Prenez le temps de le faire plusieurs fois, lentement et de manière fluide ; peut-être avez-vous déjà la perception de l'implication de soi que génère et permet le mouvement de base ?

© Groupe Eyrolles

Ce mouvement est particulièrement indiqué lorsque nous manquons de stabilité, de présence à ce que nous faisons, ou encore lorsque s'étiole le lien entre l'acte et ce qui l'a motivé.

Nous ne sommes d'ailleurs pas obligés d'attendre que le problème se pose : si nous sommes engagés dans un projet qui, nous le savons, exigera un investissement important de notre part, travailler le mouvement de base est un bon moyen de se préparer, exactement comme un sportif avant une compétition.

De plus, par les sensations qu'il génère, le mouvement de base rend l'action plus savoureuse, plus nourrissante. Le mouvement de base est l'arme anti-inertie par excellence : il est à la fois force d'engagement et incitation à s'engager. Il nous place au cœur de l'action, tant en terme d'efficacité que de vécu.

Une lecture de soi pour une action sur soi

Ces préalables ont un double intérêt ; ils installent les bases d'une relation à notre modulation tonique, mais ils ont aussi une action et un intérêt vraiment spécifiques pour notre inertie. Une fois installés, ils vont nous permettre de percevoir l'état de notre tonus corporel et la qualité d'animation à l'intérieur de notre corps. Ils vont surtout nous donner la capacité d'en faire une véritable lecture, de percevoir clairement les paramètres sur lesquels nous pouvons nous appuyer et ceux qui nous font défaut, que nous devrons alors stimuler.

Lorsque nous aurons besoin de travailler dans un but précis, nous commencerons toujours, quelles que soient la nature, la trame et la forme de l'exercice, par installer ces préalables. Au chapitre suivant, nous verrons comment on peut ensuite y adjoindre une intention spécifique.

Exercice

Reprenez le mouvement d'enroulement du tronc en position assise de l'exercice précédent. Ayez bien soin d'installer lenteur et relâchement. Les yeux fermés, vérifiez la présence du mouvement linéaire des vertèbres lombaires, et ressentez-le pleinement.

À travers cet exercice, vous pouvez effectuer un premier bilan concernant la qualité de votre lenteur (indice de votre capacité à prendre le temps nécessaire à vous poser), puis de votre relâchement (indice de votre aptitude du moment à vous adapter aux circonstances), et enfin du mouvement linéaire, qui témoigne de votre capacité d'engagement et de votre présence à l'action.

Attention : il s'agit là d'indices, et non de lois. Ils ne révèlent qu'un instantané : rien ne dit que les sensations seront identiques le lendemain !

En fonction de ce premier bilan, choisissez de travailler l'élément manquant en vous appuyant sur les éléments les plus présents. Vous adaptez ainsi l'exercice à vos besoins du moment.
Il est important de ne pas rester dans le flou ou dans une pseudo-évidence : vous devez formuler clairement l'intention de travail qui émerge de votre bilan.

Si par exemple, vous vous concentrez sur la lenteur, observez ses qualités de fluidité et de régularité. Présente-t-elle des saccades, ou est-elle continue ? Est-elle de même nature à l'aller et au retour du mouvement ? On peut en effet ressentir une affinité avec une orientation donnée, se traduisant par une lenteur plus fluide et plus constante. La lenteur est-elle effectivement génératrice de sensations ?

Concernant le relâchement, vous pouvez, là aussi, vérifier sa stabilité ; celle-ci peut varier selon l'orientation ou l'amplitude. En général, le relâchement est progressif : il est plus complet, plus profond au bout de plusieurs trajets. Chaque point d'appui — c'est-à-dire chaque temps d'arrêt au terme du trajet — est l'occasion de se relâcher encore un peu plus. Vous pouvez également observer la répartition de ce relâchement : certaines zones du corps peuvent se détendre aisément tandis que d'autres restent beaucoup plus tendues. Pensez aux muscles des membres et du tronc, mais aussi au visage, au ventre et aux viscères, au bassin...

Pour le mouvement linéaire, observez la qualité du glissé, la pureté directionnelle. Le mouvement linéaire est-il bien rectiligne ou a-t-il tendance à dévier d'un côté, ou encore à osciller ? Est-il global ou certaines parties du corps sont-elles un peu « absentes » ?

Si vous ne les avez jamais expérimentées auparavant, ces perceptions doivent être neuves ; soyez vigilant à rester ouvert, à ne pas les rapporter à quelque chose que vous connaissez déjà. Faites confiance à toute perception qui émerge du corps, aussi subtile et discrète soit-elle...

Le plus simple, pour y accéder, peut être d'avoir recours à un praticien qui saura vous aider dans la découverte de ce nouveau rapport au mouvement, comme un fasciathérapeute ou un praticien formé à la somato-psycho-pédagogie. Vous pouvez également assister à des séances individuelles ou collectives de gymnastique sensorielle. En effet, la force des habitudes est telle qu'un regard extérieur est parfois nécessaire pour dépasser ce qui échappe à notre perception – nos « imperceptions » ; le recours à un praticien s'avère donc pertinent lorsque le travail n'évolue plus.

L'essentiel est de contacter cette perception précise de soi ; une fois le contact créé et le type de mouvement à atteindre bien repéré, les possibilités de travail individuel sont infinies. Un même exercice sera ainsi utilisé dans plusieurs intentions, parfois fort différentes, avec des résultats qui dépendent surtout de l'objet de notre attention et du rapport que nous installons avec ce qui est déclenché.

Cette sensation du mouvement interne, de l'élan du corps vers un geste, est très subjective et intime ; il existe pourtant quelques indices fiables qui permettent de l'objectiver. En premier lieu, elle est *agréable*, comme si le mouvement était « porté de l'intérieur » et glissait avec facilité. Ensuite, ceux qui ont expérimenté ce travail sont unanimes sur un critère : ils ont presque tous eu la sensation, les yeux fermés, de parcourir une amplitude plus grande que celle du mouvement réel.

Pratiqué ainsi, sans y adjoindre d'intention spécifique, l'exercice produit une sensation de bien-être et de détente – l'impression de se ressourcer. La lenteur nous permet de sortir du stress et de la précipitation, elle nous ramène à nous-même, à l'instant présent et à son contenu. Par les temps qui courent, ce n'est pas négligeable…

Le relâchement crée un espace de disponibilité au contenu de l'instant. Il nous permet d'accéder à un sentiment d'existence concret, incarné, sans autre nécessité que d'avoir un corps et de l'éprouver quand il bouge. Le mouvement linéaire nous fait pénétrer au plus profond de nous-même ; il est source de vitalité, de relation à nos élans intérieurs et dégage une réelle saveur dans le corps.

Fort logiquement, l'exercice que nous venons de faire est donc l'occasion d'évaluer notre état du moment concernant ces différents facteurs. À travers la lenteur ou le relâchement, nous obtenons une lecture de notre état de stress. Nous savons bien, en effet, que nous sommes stressés ; mais c'est une chose de le savoir, et c'en est une autre de le ressentir et d'en mesurer l'ampleur. C'est seulement à cette condition que nous pouvons réaliser comment nous nous projetons dans les tâches qui nous attendent.

Ainsi, au lieu de lutter en vain pour diminuer la liste de ce que nous avons à faire dans une journée de seulement vingt-quatre heures, nous allons restaurer notre qualité de lenteur et notre présence à nous-mêmes et à ce que nous sommes en train de faire. C'est ce nouveau rapport à soi et à l'action qui changera progressivement notre façon de nous comporter et fera évoluer nos priorités.

Chapitre

Action !

2

La démarche quotidienne la plus difficile à entreprendre
est celle qui consiste à faire le premier pas.
Le premier
Celui qui permet de se mettre en règle avec la pesanteur ou de se déclarer
inapte à exercer une quelconque fonction à responsabilité verticale.

Christian RULLIER

Nous voici dans l'antichambre de nos actions.

On peut parler d'un lieu, d'un point précis où l'intention prend corps, devient acte ; d'une frontière où cet acte n'est pas encore un mouvement, mais où, déjà, il s'annonce – il *s'énonce,* ainsi que le formule D. Bois.

Nous pouvons maintenant agir dans ce lieu pour agir *depuis* ce lieu. Mais de quoi avons-nous besoin ? Que peut-il se passer – ou ne pas se passer – en nous, pour qu'une décision reste lettre morte et n'aboutisse pas ?

Trois ingrédients anti-inertie

Pour répondre à cette question, observons un acte, un acte tout simple, sportif ou professionnel, une situation ordinaire où le corps réussit cette chose si extraordinaire et si complexe : un geste performant. Nous pouvons dégager de ce qui le constitue trois éléments nécessaires, susceptibles de nous intéresser dans le cadre de l'inertie.

En premier lieu, il faut une puissance d'action, une force, en un mot un minimum de *vitalité*.

Être en forme, gagner en vitalité en termes d'hygiène de vie et de routine à secouer, c'est fait ou, du moins, c'est en cours. Mais la vitalité, c'est aussi une force intérieure qui émane de nous et la capacité d'investir cette force dans un projet. La vitalité sera donc notre premier ingrédient anti-inertie.

Cet engagement dans l'action doit cependant être performant, donc adapté. L'inertifié ne peut se permettre de dilapider une énergie qu'il peine à mobiliser, et il doit se méfier d'échecs susceptibles de le faire rechuter.

Acquérir davantage de *malléabilité* est notre deuxième axe de progression : être moins déstabilisé par la nouveauté, trouver une solidité moins dépendante des événements extérieurs, améliorer coordination et performance. Plus lucide et plus solide, nous serons plus à même de nous adapter aux circonstances en temps réel et dans l'action.

Enfin, cela fait, nous voilà comme l'haltérophile devant sa charge, prêt à agir avec force et souplesse, attendant le troisième élément : *l'impulsion*.

Ah, l'impulsion ! Le petit déclic sans lequel rien ne se fait, l'élan indispensable à un engagement franc et coordonné dans l'action…

C'est le détail important, la clef sans laquelle rien ne démarre. C'est bien souvent le nœud de l'inertie, ce qui la rend parfois si irritante : toutes les conditions sont là, mais l'impulsion qui enclenche le passage à l'acte ne vient pas. Il ne s'agit plus tant de puissance d'action que de rythme, un rythme de vie, une capacité de jaillissement, une spontanéité.

Ingrédient essentiel contre l'inertie, l'impulsion doit donc s'acquérir, être disponible dans le corps, y être captée et exprimée.

Plus de vitalité !

La vitalité est une force, une capacité individuelle à se tourner résolument vers la vie. On dit de quelqu'un qu'il déborde de vitalité ou d'énergie ; cela signifie le plus souvent qu'il fait beaucoup de choses, mais aussi qu'il est en forme et ne semble pas le moins du monde épuisé par son intense activité.

Pour l'inertifié, ces personnes sont comme des extraterrestres ; il les regarde avec envie et tente vainement de percer leur secret. Mais essayer de devenir un de ces hyperactifs serait pour nous une erreur. Choisissons plutôt de développer nos propres atouts.

Le terme vitalité recouvre plusieurs définitions. Il évoque à la fois santé, force et capacité d'agir. Pour nous, avoir de la vitalité, c'est d'abord avoir de la ressource ; c'est avoir, disponible en soi, une force interne supérieure à la résistance que l'on rencontre, une puissance d'action suffisante pour l'effort que l'on veut fournir. Elle ne garantit pas encore la réussite du projet, mais elle en est une donnée indispensable, le critère sans lequel on ne peut le réaliser.

Un engagement plein

Notre outil privilégié pour générer en nous cette vitalité est le mouvement de base, c'est-à-dire le mouvement linéaire de tout le corps. Plus précisément, nous allons utiliser le mouvement de base avant/arrière, qui est le plus spécifique et le plus porteur de cette notion d'engagement. Pour des raisons de commodité, nous abordons séparément la direction avant et la direction arrière ; mais il va de soi qu'elles sont indissociables, l'une étant le retour de l'autre et réciproquement.

Dans un premier temps, nous pouvons reprendre, en l'affinant, le deuxième exercice décrit dans la rubrique « Engager tout son corps pour s'impliquer ».

Exercice

Assis sur une chaise, prenez de nouveau le temps d'installer lenteur et relâchement. Portez ensuite votre attention sur la verticale de votre colonne, plus précisément sur l'empilement de vos vertèbres ; si vous relâchez encore un peu les muscles de votre dos, lentement et de bas en haut, vous pouvez avoir la sensation que vos vertèbres se posent les unes sur les autres.

Mettez-vous maintenant dans l'intention de faire glisser en même temps vers l'avant chacune de vos vertèbres ; il est important que chaque vertèbre participe, que toutes fassent le même mouvement en même temps, à la même vitesse et selon la même amplitude.

Au terme du trajet vers l'avant, votre colonne peut être très légèrement creusée, mais globalement elle doit être à peu près verticale ; attendez alors l'impulsion de retour et repartez vers l'arrière.

Après quelques aller-retour, la sensation de globalité s'installe : c'est toute la colonne qui s'engage dans le mouvement de base ; essayez même d'y associer votre ventre, votre cage thoracique, afin que l'ensemble de votre corps, de vous-même, s'engage dans ce mouvement.

Tout l'effort ici doit porter sur l'attention : en repérant simplement quelles parties de votre corps ne participent pas, quelles vertèbres se contentent de suivre sans réellement s'engager de manière active dans le glissement horizontal, vous créez l'opportunité d'un comportement différent. En invitant la moindre parcelle de votre corps à se sentir concernée par cette intention linéaire, vous augmentez votre investissement dans l'action.

Ce premier abord du mouvement de base construit une pleine participation à l'action. Il est intéressant d'y avoir recours lorsque nous avons tendance à agir en dilettante, à ne pas mobiliser nos ressources avant l'action. Notre colonne vertébrale est vraiment notre axe, notre verticalité ; c'est elle qui nous inscrit dans notre monde et dans notre espèce – nous sommes des bipèdes, nous nous tenons debout. Un geste qui puise son origine au plus profond de cet axe vertébral, et qui représente un engagement vers l'avant, est donc symbole d'implication de soi dans l'action. Ici, *aller de l'avant* n'est pas simplement une expression : c'est un vécu, une sensation.

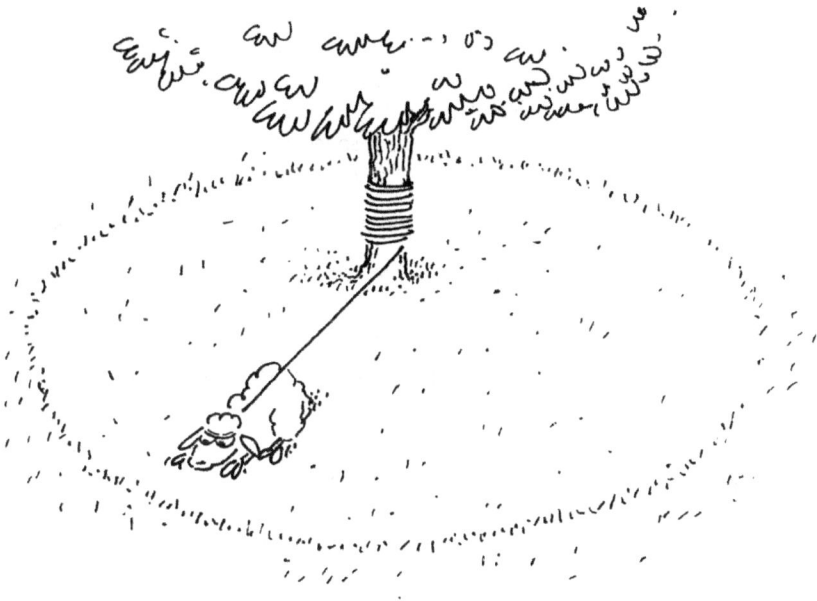

Absence structurelle de mouvement linéaire

Au cours de l'exercice, nous pourrons ensuite préciser et estimer la part de nous qui peine à se rassembler au service de l'action envisagée.

> Gisèle, une étudiante également danseuse, nous rapporte l'expérience suivante : lors d'une séance de gymnastique sensorielle avec son thérapeute, celui-ci lui fait remarquer que dans un mouvement de base vers l'avant, sa cage thoracique reste en arrière. Elle reprend alors son exercice en veillant cette fois à engager tout son thorax vers l'avant, en même temps que le reste du corps. Aussitôt – et spontanément – lui vient cette phrase « Si je m'avance, on va me voir ! »
>
> Justement, Gisèle est confrontée à un problème de mise en avant et d'affirmation d'elle-même dans ses projets professionnels ; elle est toujours comme victime d'une réticence, d'une retenue qu'elle ne saisit pas. En faisant l'exercice, elle s'est avant tout attachée à en ressentir l'effet, et le sens de ce qu'elle ressentait s'est imposé à elle... L'intérêt de l'exercice réside alors autant dans son effet – l'amélioration de la capacité à se mettre en avant – que dans la signification qu'il délivre – une difficulté à se montrer.

Cette capacité à s'observer lorsqu'on est en relation avec son mouvement va très vite améliorer la présence à soi dans la vie quotidienne ; pour l'inertifié, ce n'est pas négligeable. En outre, le fait de repérer des absences – ce que l'on appelle des « angles morts » – dans son mouvement permet aussi de les améliorer en temps réel. Pour nous comme pour Gisèle, ce travail aura une action de fond sur la capacité d'action et nous offrira parfois un éclairage particulier sur les mécanismes de notre inertie.

De la puissance pour l'action

Toutefois, notre priorité est pour l'instant de gagner en vitalité. Le mouvement de base avant/arrière est un outil majeur pour apprendre à nous engager globalement dans nos actes. Il nous permet donc une mise

124

en action de meilleure qualité. Mais il convient de faire en sorte que cet engagement évolue, qu'il nous procure un *gain* en améliorant aussi la quantité de notre vitalité, c'est-à-dire notre puissance d'action.

Exercice

Reprenez le mouvement de base avant/arrière. Veillez cette fois à le mener au maximum de son amplitude, mais sans forcer, c'est-à-dire sans compromettre le relâchement et sans perdre la sensation de glissé.

Une fois au bout du mouvement disponible, faites ce que l'on appelle un point d'appui : maintenez la posture, mais en restant relâché et en posant votre attention sur l'élan qui repart en sens inverse. Quand vous percevez cet élan, ce prémouvement, quand vos vertèbres manifestent le désir de repartir en sens inverse, attendez un instant. Laissez monter la pression, comme si vous opposiez à votre propre corps une résistance l'incitant à mobiliser un peu plus ses ressources internes.

Soignez le dosage : trop de résistance et l'élan retombe comme un soufflé, pas assez de résistance et la vitalité ne se mobilise pas ! Il faut donc ajuster l'intensité et la durée de la posture à ce critère : la force qui se manifeste pour repartir en sens inverse doit évoluer en permanence. Dès qu'elle cesse d'augmenter, il est temps de la laisser s'exprimer et donc de repartir.

Ainsi, de point d'appui en point d'appui, vous capitalisez de la vitalité, vous augmentez votre puissance interne. Le plus important est de ressentir, d'éprouver cet élan de votre corps dans une intention de mouvement.

Pratiqué ainsi, l'exercice est spécifique d'une recherche de vitalité. Il est donc indiqué à chaque fois que l'on manque de fraîcheur, d'entrain, voire de motivation par rapport à un projet. L'inertifié éprouve facilement une

© Groupe Eyrolles

sensation de lassitude, comme s'il allait vers ses actes en soupirant, avec la sensation que l'objectif est au-dessus de ses forces. Il ne demande pas mieux que de faire un effort ; mais au moment de la réalisation, tout simplement, il n'y arrive pas...

Les mouvements de base sont donc utiles à un travail de fond. Nous pouvons pratiquer l'exercice tous les jours sur une durée déterminée – comme une cure, tous les matins pendant un mois par exemple – sans autre intention que d'améliorer une vitalité générale. Mais nous pouvons aussi réaliser cet exercice plus ponctuellement, en nous référant à une action ou un projet bien précis et pour lequel nous souhaitons nous préparer.

Savoir prendre du recul

Tous les mouvements de base n'ont pas la même résonance. Le plus caractéristique et le plus spécifique de l'engagement dans l'action est le mouvement de base avant, ce qui semble assez logique ; il est par essence engagement de soi dans un geste. Le mouvement arrière qui lui est associé dans les exercices, n'est pas moins indispensable : il en est le complément, le complice.

Chef d'une PME, toujours sur la brèche, Robert ne vit que pour son travail. Victime d'un accident de voiture très violent qu'il lie directement à son surmenage, il en sort sans blessure mais passablement secoué. Lorsque nous commençons à travailler sur la chaise, Robert se rend compte avec stupeur qu'il possède un superbe mouvement vers l'avant, global et ample, mais qu'il n'a aucun mouvement vers l'arrière. Son prémouvement ne semble connaître qu'une direction : l'avant, toujours l'avant, sans jamais pouvoir s'arrêter.

Cette prise de conscience est en elle-même thérapeutique, mais il a réellement fallu par la suite installer en lui cette capacité à se poser et à prendre du recul.

L'incapacité à s'arrêter est aussi une forme d'inertie ; dans les cas extrêmes comme celui de Robert, on a l'impression que seuls des événements brutaux parviennent à créer une obligation d'arrêt, alors même que l'organisme, parfois, crie grâce depuis longtemps.

Le mouvement vers l'arrière est une invitation à prendre du recul ; il correspond à une prise de réflexion ou d'élan avant de s'engager et d'aller de l'avant. Il permet aussi de tirer bénéfice de l'action : c'est un temps pour se ressourcer, pour goûter le fruit du mouvement vers l'avant que l'on vient d'effectuer. Nous l'utiliserons quand, emportés par notre désir de vaincre notre inertie, nous avons la sensation de forcer notre action, de tirer sur la corde sans tenir compte de nos besoins. Nous lui porterons une attention toute particulière quand les effets de nos actions ne viennent pas alimenter notre motivation.

Le mouvement avant/arrière est le plus spontanément concerné dans l'inertie ; mais il existe d'autres mouvements de base, correspondant aux différentes orientations possibles dans l'espace – haut/bas et transversal – et qui ont aussi leur intérêt. Nous les explorons de manière spécifique dans les pages qui suivent.

S'adapter pour mieux agir

Si vous en avez l'occasion, rendez-vous dans une salle d'escalade et observez les grimpeurs. La plupart, hormis les débutants, ont une puissance musculaire suffisante pour se hisser en force. Pourtant, vous les verrez prendre le temps de visualiser le parcours, de mimer les gestes à faire ; privilégiant la souplesse, ils choisissent soigneusement l'enchaînement qui leur permettra de franchir en fluidité un passage délicat.

Nous pouvons dire qu'il en va de même pour nous ; avoir la puissance d'action disponible est une bonne chose, mais si nous l'utilisons sans discernement, elle ne nous permettra pas d'atteindre notre sommet à nous. Si l'on se heurte à un mur, avoir plus de puissance peut très bien ne servir qu'à se faire plus mal.

Une action efficace, *a fortiori* pour un inertifié notoire, est d'abord une action bien ciblée, puis une action fluide et bien coordonnée.

Bien se situer

Bien agir commence par savoir d'où l'on part et avoir une vision suffisamment panoramique de notre entreprise pour anticiper ce qui peut l'être.

Le mouvement transversal peut ainsi être pris comme un temps de
préparation, de maturation, un temps où, tout en gardant le regard dans
la même direction, nous allons changer de point de vue, au sens littéral
du terme et tenter de pénétrer le monde à la manière de Cézanne : « Ici,
au bord de la rivière, les motifs se multiplient, le même sujet vu sous un
angle différent offre un sujet d'étude du plus puissant intérêt, et si varié
que je crois que je pourrais m'occuper pendant des mois sans changer de
place en m'inclinant tantôt plus à droite, tantôt plus à gauche ».[1]

C'est un mouvement très spatialisant, qui nous aide à nous situer et nous
donne des repères.

Exercice

L'exercice consiste en une translation latérale du tronc, linéaire et
très pure.

Debout, les yeux fermés, les pieds légèrement écartés — à peu près
de la largeur des épaules — faites glisser le tronc latéralement, en
transférant une partie du poids du corps sur une jambe.

Pour que le glissement du bassin soit bien horizontal, le genou doit
se laisser légèrement fléchir du côté de la translation. Quand le
tronc coulisse vers la gauche, le genou gauche se plie un peu et la
pression augmente sur le pied gauche ; quand le corps repart vers la
droite, il y a une poussée dans le pied gauche et le genou gauche
s'étend, le genou droit se fléchissant légèrement à son tour.

Au terme de chaque translation, faites un point d'appui — petit
temps de pause pour attendre l'impulsion qui vous renvoie en sens
inverse. Lorsque cette impulsion arrive, soit dans la jambe, soit
dans le bassin, repartez.

1. Cézanne P., *Correspondance*, Grasset, 1995.

Le corps ne doit ni tourner, ni se pencher. La sensation est vraiment celle d'un glissement horizontal très pur de tout le corps — comme si vous faisiez coulisser latéralement la verticale de votre colonne, votre ligne de gravité en quelque sorte !

Au bout de quelques voyages, vous pouvez vraiment avoir la sensation de « promener » votre axe vertical. Repérez le moment précis, à chaque voyage, où vous passez par la position neutre, comme un chez soi que l'on réintègre avant de repartir ailleurs... Vous pouvez évaluer si vous avez plus de sensations d'un côté ou de l'autre, si la résonance est différente à droite et à gauche, si vous êtes plus à l'aise quand vous vous éloignez de votre position médiane ou au contraire quand vous y revenez.

N'hésitez pas à relier toutes ces différentes sensations avec d'autres parties du corps (amplitude de flexion du genou, pression sous les pieds...) pour avoir la perception interne de votre corps la plus globale, la plus « spatialisée » possible. Soyez créatif, testez ainsi toutes les sensations qui vous permettent de mieux vous situer au sein de votre mouvement. L'essentiel est là : intégrer des repères spatiaux internes ; ressentir, les yeux fermés, où l'on est.

Vous pouvez ensuite ouvrir les yeux pour ressentir la translation de votre regard, comme si celui-ci glissait transversalement sur l'espace qui se trouve devant vous.

130

Vous verrez que, quand il atteint bel et bien la modulation tonique, cet exercice a un effet subtil mais concret, à la fois apaisant et solidifiant. C'est un temps de préparation, relativement bref, que nous utiliserons ponctuellement pour mieux nous situer avant d'agir, lorsque par exemple nous devons intervenir dans un contexte nouveau ou déstabilisant.

Toutes nos relations sociales, qu'elles soient familiales ou profession-nelles, sont envisagées de manière spatiale – les parents au-dessus, les frères à côté, les enfants en dessous, idem au travail : le patron au-dessus, les collègues à côté, etc. – et chaque remise en question profonde ou brutale de cet agencement va nous déstabiliser.

Dans ces situations, des repères spatiaux internes solides et intégrés sont de précieux facteurs de solidité ; ils nous rendent plus autonomes, moins dépendants des événements extérieurs et donc plus confiants. Bref, ils créent un climat plus favorable à la mise en action.

En impliquant le jeu du regard dans ce type d'exercice, nous obtien-drons aussi une vision plus en relief, plus panoramique des situations ; cela contribuera à mieux cibler et anticiper l'action.

Une loi du moindre effort

Pour reprendre notre métaphore du grimpeur, il nous faut maintenant enrichir notre geste afin de le rendre plus fluide et mieux coordonné. La fluidité n'est pas une simple question de souplesse ; elle apparaît quand plusieurs parties du corps sont capables de faire des mouvements différents, voire opposés, mais reliés entre eux. Dès que le corps cesse de fonctionner en bloc (tout en conservant une certaine globalité) on a une sensation de fluidité qui facilite la coordination.

Il peut paraître risqué de parler de moindre effort lorsqu'on s'adresse à un inertifié. Cela se justifie pourtant ; en effet, il ne s'agit pas d'en faire moins mais d'en faire plus : moins on laisse de force dans l'action –

moins on est dans l'effort –, plus on peut agir efficacement et longtemps. En privilégiant la souplesse et la capacité d'adaptation, on évite
les efforts superflus et on augmente ses chances d'arriver au but. Cela
présente par ailleurs un autre avantage : moins on est dans l'effort, plus
on est dans le plaisir, ingrédient ô combien important quand on souffre
d'inertie récurrente. La fluidité c'est aussi cela : moins d'effort et plus de
plaisir.

La modulation tonique, parce qu'elle s'exprime au plus profond de la
matière de notre corps et en amont de nos désirs conscients, est un révélateur de notre état psychique ; on parle de tonus psychique car il témoigne
de notre état interne.

Dans le cas présent, cela va nous servir à nous imprégner d'une plus grande
souplesse, ou plus exactement d'une plus grande malléabilité, tant sur le
plan corporel que sur le plan psychique. Mener un projet à terme implique
de pouvoir s'adapter aux conditions que l'on rencontre en chemin, car les
choses se déroulent bien rarement comme on l'avait prévu ! « Il suivait
son idée. C'était une idée fixe et il était surpris de ne pas avancer » disait
Jacques Prévert ; mettons, donc, nos idées en mouvement…

Pour commencer, nous allons travailler sur des dissociations et observer
comment deux intentions directionnelles opposées peuvent produire un
geste fluide et relâché.

Exercice

Les préalables de relâchement et de lenteur sont maintenant
acquis. Pour plus de facilité, nous allons continuer à travailler assis.

Laissez les deux bras pendre de chaque côté de votre corps ; les
yeux fermés, vous pouvez les percevoir comme deux segments
verticaux. Vous allez maintenant les faire coulisser verticalement,
l'un vers le haut et l'autre vers le bas. Ne vous préoccupez pas du

mouvement de votre corps, restez relâché et gardez bien cette intention verticale ; vous devez avoir la sensation que vos bras coulissent, comme s'ils glissaient le long d'une tige verticale, l'un montant vers le plafond tandis que l'autre glisse en direction du sol.

Au terme du trajet, vous faites un point d'appui à l'issue duquel vous repartez en sens inverse. Faites ainsi plusieurs mouvements, en gardant bien une intention verticale. Vous pouvez constater que votre corps s'incline latéralement, mais ne vous mettez pas dans l'intention de vous pencher. Au contraire, au bout de quelques voyages, laissez les deux moitiés de votre tronc accompagner vos bras et se dissocier en deux parties coulissant verticalement l'une par rapport à l'autre ou même l'une contre l'autre.

Oubliez ce que vous savez de vos articulations et laissez-vous imprégner de cette sensation de frottement, de cette dissociation. Sentir les deux moitiés de son corps glisser l'une contre l'autre a quelque chose d'inattendu mais de très agréable ; je vous le conseille d'ailleurs si vous avez une colonne dorsale un peu raide !

On pourrait qualifier cet exercice d'assouplissement intérieur ; c'est bien ainsi qu'il faut l'utiliser. En fait, avoir assez de vitalité pour agir est indispensable, mais il arrive que nous manquions de confiance en nous ou que nous ayons une idée trop précise de la façon de faire, de l'objectif à atteindre, bref que nous ayons du mal à nous adapter aux circonstances.

Les exercices de dissociation concrétisent un geste par un moyen détourné. Ici l'intention est verticale, elle part dans deux orientations différentes ; elle provoque un mouvement latéral et une sensation assez nouvelle dans le corps.

Pas de rigidité possible, pas de raideur : une part de nous va dans un sens, l'autre en sens opposé et, à l'arrivée, cela produit un geste très fluide. Le fait de l'expérimenter dans notre propre corps nous permet de contacter l'intérêt de cette stratégie et d'assouplir un peu notre façon d'être, de favoriser et d'améliorer notre adaptabilité.

Exercice

Restez en position assise. Posez cette fois votre attention sur le devant de votre corps — la partie sternum/ventre — et sur la face postérieure, c'est-à-dire votre dos et toute votre colonne. Prenez votre temps, car cet exercice est un peu plus délicat à ressentir ; démarrez doucement et sur une amplitude réduite, pour ne pas forcer. Faites glisser votre sternum verticalement vers le haut, tandis que votre dos se laisse glisser vers le bas ; mettez-vous d'emblée dans l'optique d'une dissociation verticale, comme nous l'avons fait avec les deux bras. Quand vous avez la sensation d'être au maximum de mouvement possible sans forcer et sans perdre la sensation de glissement, faites un point d'appui et attendez le mouvement de retour.

Au bout de quelques aller-retour, le mouvement devient plus fluide, plus glissant ; l'amplitude augmente. Progressivement, le mouvement se fait plus global, avec une participation de tout le tronc, même si la sensation du glissement vertical est parfois moins ample dans la partie basse du dos. Là aussi, en gardant bien une intention de mouvement vertical dissocié, vous pouvez véritablement avoir la sensation que la moitié antérieure de votre tronc coulisse contre la moitié postérieure, avec, pour certains, une impression de frottement au milieu du corps.

Cette dissociation produit cependant un mouvement d'enroulement vers l'avant avec un glissement linéaire vers l'arrière des lombaires. C'est d'ailleurs une voie détournée pour amener une personne un peu raide à découvrir ce mouvement linéaire des lombaires.

Si le geste concerné est un mouvement de flexion/extension de la colonne – que nous avions déjà abordé pour le mouvement linéaire – la dissociation des plans antérieur et postérieur constitue une façon moins directe de s'y engager. L'intention n'est pas directement orientée vers l'avant ou l'arrière ; de ce fait, une difficulté d'engagement dans le mouvement linéaire est contournée et n'est pas abordée de front. Bref, on s'adapte. L'effort est mieux réparti et le geste est plus fluide, plus savoureux. Cette façon souple et progressive d'aborder l'action en donne un ressenti différent ; bien souvent, la représentation qu'on en a évolue, se dédramatise.

C'est un excellent exercice lorsqu'on se met trop de pression, qu'on a l'impression qu'on ne va pas y arriver, qu'il nous faut déplacer une montagne – qu'elle soit réelle ou supposée… Nous aurons donc recours à ce type d'exercices dès que nous nous sentirons crispés, sous pression, focalisés sur une difficulté ; nous pourrons l'utiliser sur la durée ou bien sur une période déterminée, en lien avec un projet qui nous stresse ou ébranle notre confiance.

Une action bien coordonnée

La fluidité nous offre des possibilités nouvelles pour une action plus adaptée. Observons de nouveau nos grimpeurs : les plus habiles dégagent une impression d'aisance vraiment déconcertante ; le geste est précis, le pied ne tâtonne pas, la main saisit la prise suivante au moment précis où la jambe a donné suffisamment d'élan. L'effort est dosé et le geste parfaitement adapté à la trajectoire, comme si chaque partie du corps jouait sa partition de manière autonome mais coordonnée, mettant toute sa liberté au service de l'ensemble.

Il en va de même pour nous : une action harmonieuse est avant tout une action bien coordonnée. Nous devons donc améliorer la perception d'ensemble de notre corps et créer des liens entre ses différentes parties afin d'obtenir ce mélange parfait d'autonomie et de globalité.

Exercice

Partons sur une base connue — le mouvement d'enroulement de la colonne en position assise — et ajoutons des éléments nouveaux.

Dès que vous avez installé vos préalables, observez la globalité de votre colonne : est-ce que toutes les vertèbres participent ? S'engagent-elles toutes en même temps dans le mouvement, avec une amplitude cohérente entre elles ? C'est un premier niveau de coordination.

Il faut ensuite établir une synchronisation entre le mouvement linéaire et la flexion/extension de la colonne, ainsi qu'entre les différentes parties de la colonne. Souvenez-vous : les vertèbres lombaires glissent horizontalement en arrière quand la colonne s'enroule vers l'avant. Les deux composantes — linéaire et circulaire — doivent être synchrones, démarrer et arriver en même temps. Il n'est pas rare d'avoir la tête et la colonne cervicale en avance ou en retard sur le reste du corps ; parfois, la colonne cervicale a une amplitude de mouvement très réduite et ne participe guère à l'exercice.

Une fois le mouvement de la colonne en place, nous allons ajouter différents éléments, en veillant à ce qu'ils soient toujours en lien avec le mouvement de la colonne. Par exemple, nous allons faire participer le ventre et ses organes, puis les côtes, ensuite les poumons, le cœur... Il suffit pour cela de se représenter le déplacement dans l'espace de ces différents organes et d'essayer de le ressentir, de l'inviter à « participer ». À chaque ajout, soyez vigilant à la coordination : qu'il démarre en même temps que l'ensemble, que son mouvement reste bien relié à la colonne et au mouvement linéaire, comme si celui-ci était à la fois le moteur silencieux et le chef d'orchestre.

Ensuite, faites participer les bras : spontanément, ceux-ci s'engagent dans une rotation externe — bras le long du corps, les mains se tournent vers l'extérieur — quand la colonne fait une extension avec un mouvement linéaire des lombaires vers l'avant. Ce mouvement des bras donne une sensation d'ouverture du thorax et des épaules.

Le mouvement de retour produira une rotation interne — les mains se tournent vers le dedans — pendant que le tronc fait une flexion avec un glissement postérieur des lombaires. Cette fois, on a une sensation de retour sur soi, presque de repli.

À cette étape, l'attention se pose sur le lien entre le mouvement des bras et celui du corps, afin que leurs mouvements respectifs démarrent, se déroulent et se terminent en même temps. N'hésitez pas à ouvrir les yeux de temps en temps pour vérifier que tout est bien relié : parfois les bras démarrent très en retard, alors que la colonne est presque arrivée !

La dernière coordination consistera à impliquer la respiration : ici, seul le départ est coordonné, la respiration étant libre pendant le déroulement du mouvement. L'extension démarre sur une inspiration, tandis que la flexion démarre sur une expiration. L'important est de synchroniser le départ du mouvement sur le temps respiratoire qui lui correspond. Une fois le mouvement lancé, laissez votre respiration évoluer toute seule, car le mouvement est très lent — environ quinze secondes pour un aller — et coordonner la respiration sur tout le trajet nous obligerait à forcer.

À chaque ajout d'un nouvel élément, vérifiez la coordination d'ensemble et prenez le temps d'observer la résonance spécifique de son implication dans le mouvement. Pour certains, joindre les bras offrira davantage de facilité ; pour d'autres, impliquer les viscères donnera plus d'intensité. Cette résonance est éminemment individuelle.

La coordination, c'est avant tout l'efficacité ; c'est un travail *d'équipe* au service de la performance. Nous pouvons l'utiliser quand nous nous sentons dispersés, débordés par la multiplicité des tâches, et que nous avons du mal à mobiliser toutes nos ressources au service d'un même projet. De la même façon, nous pouvons aussi travailler la coordination lorsque nos efforts sont un peu vains, pas assez productifs, quand nos actions semblent tomber un peu à plat et que nous nous sentons nous-mêmes « à côté de la plaque ».

Cet exercice nous permet d'avoir une prise en compte plus globale de notre action en cours et une présence plus forte à ce que nous faisons. Si la coordination n'agit pas à proprement parler contre l'inertie, elle allie puissance et précision et, de ce fait, contribue à la réussite de nos projets. Ainsi, elle encourage l'action.

Capter ses élans

Reste le dernier élément anti-inertie dont nous avons parlé : l'impulsion. La fluidité, la vitalité, les capacités d'adaptation et la coordination sont indispensables. Mais leurs limites face à l'inertie résident dans un fait tout simple : elles ne montrent leur efficacité qu'une fois l'action engagée ! C'est pourquoi l'impulsion est si importante : c'est elle qui enclenche l'action.

L'impulsion, c'est le déclic, c'est le temps si fugace et si bref où tout se joue, où l'intention soit se concrétise en acte, soit retourne dans les limbes d'où elle tentait de naître. C'est peut-être l'élément le plus subtil, le moins évident à prendre en compte ; c'est pourtant le facteur déterminant de l'inertie, car c'est à ce moment précis, à l'initiation du mouvement, que celle-ci atteint son maximum.

Nous entrons pour ainsi dire au cœur du problème et la perception joue ici un rôle essentiel. Certains parviendront moins vite que d'autres à capter l'impulsion ; ce n'est pas un problème, il leur suffit de prendre le temps de découvrir leur propre voie pour rétablir cette relation de perception.

Saisir l'impulsion

Nous en avons déjà parlé succinctement : l'outil principal pour déclencher l'impulsion est le point d'appui. Il s'agit d'un temps d'arrêt, en général posé au bout du mouvement, un temps où l'on « verrouille » en posture le corps (ou une partie du corps) pour solliciter une réponse interne, une réaction de la modulation tonique.

Le point d'appui est une sorte de petit stress, volontaire et constructif, une contrainte que l'on se pose et qui déclenche une réaction de l'organisme. Un point d'appui est réussi lorsqu'il est posé au bon moment et avec l'intensité juste. Il se fait généralement au moment où la sensation de glissement rencontre une sensation de résistance. Posé trop tôt, il ne réalisera pas de mise en tension et sollicitera peu notre mouvement interne ; de même, si le verrouillage est trop intense, la modulation tonique est étouffée et semble parfois renoncer, ce qui n'est pas très pertinent pour un inertifié. Enfin, un point d'appui trop lâche ne sollicitera qu'une partie du potentiel disponible dans le corps.

Notre critère est donc une écoute précise de la modulation tonique : celle-ci doit être évolutive en permanence. N'hésitez pas à modifier votre posture pour voir si cela fonctionne mieux : relâchez un peu plus, allez un peu plus loin, bref, procédez par essai-erreur ; puisque l'expérience est reproductible à l'infini, toute erreur est rattrapable et surtout source d'informations.

Alors, explorons allégrement nos erreurs et partons en quête de nos impulsions !

Exercice

Gardez le mouvement d'enroulement vers l'avant en position assise, en portant votre attention sur le mouvement linéaire vers l'arrière de vos lombaires. Au terme de l'amplitude de ce mouvement, faites un point d'appui : maintenez la posture, en restant immobile mais relâché, jusqu'à ce que vous sentiez l'impulsion qui vous invite à repartir en sens inverse. Votre colonne repart alors en extension : votre tête et votre tronc décrivent un arc de cercle en arrière tandis que vos lombaires glissent linéairement vers l'avant.

Ici, la sensation de mouvement la plus profonde est captée au niveau des lombaires, car c'est le mouvement linéaire qui véhicule le plus d'informations sensorielles. L'idéal est de percevoir l'impulsion de départ sur ce mouvement linéaire (mouvement horizontal des lombaires). Certes, l'impulsion peut aussi venir d'une autre partie du corps, comme le bassin par exemple ; cependant, en phase d'apprentissage, nous préférerons poser d'abord notre attention sur le mouvement linéaire. Ici, l'intention est spécifiquement de ressentir un élan qui vient du dedans et de le laisser s'incarner dans un mouvement visible.

Prenez le temps d'un travail qualitatif et perceptif : soignez la qualité de lenteur, de relâchement, ainsi que la coordination du mouvement linéaire avec le mouvement circulaire ; cela vous permettra au bout de l'amplitude d'avoir une impulsion plus franche, plus facile à percevoir.

Cet exercice est relativement simple ; sa difficulté réside avant tout dans la perception de l'impulsion, c'est-à-dire de la variation tonique qui indique le moment précis où le corps va s'engager dans la réalisation du geste. Observons de plus près ce qui se passe au cours de cet exercice : la posture réalise une mise en tension, plus ou moins grande selon l'amplitude effectuée ; cette mise en tension déclenche au bout d'un certain temps une réaction du corps, comme s'il négociait avec ce « verrouillage » qu'on lui impose. Cela se traduit le plus souvent par une envie de repartir, une impulsion de mouvement en sens inverse.

La vivacité de la réponse et surtout son intensité sont révélatrices de la vitalité de la personne : une réponse forte et rapide traduit une grande vitalité. Inversement un délai un peu long ou une réponse ténue indique un manque d'allant.

Cet exercice est un premier pas pour renouer avec ses élans intérieurs, car nous mesurons rarement à quel point nous en sommes coupés…

Être en phase

Le travail de l'impulsion est un des plus indiqués pour l'inertie ; c'est un travail de fond qui favorise le passage à l'acte.

Chez certains inertifiés, les paramètres spatiaux du mouvement sont parfaits : belle amplitude, lenteur savoureuse et fluide, grande richesse d'orientation. Malheureusement, le petit paramètre temporel, ce signal de début du mouvement que l'on nomme « top départ » est absent ou n'est pas perçu.

En clair, l'effort produit par l'inertifié n'est que trop rarement porté par une impulsion profonde, par un élan intérieur. Certes, ce dernier existe, mais l'effort n'est pas produit au bon moment, il n'est pas synchrone avec l'élan intérieur. Il est alors très utile de se familiariser avec cet élément, de jouer avec l'impulsion.

Exercice

Poursuivez l'exercice précédent en maintenant l'attention sur l'impulsion, le fameux « top départ ». Il s'agit maintenant de déclencher le mouvement de façon la plus synchrone possible avec l'impulsion. Celle-ci peut être perçue sous différentes formes : soit directement sous la forme d'un mouvement qui repart, soit sous la forme d'un élan intérieur, d'une envie de bouger (comme une impatience d'une partie du corps qui manifeste son désir de redémarrer), soit enfin sous la forme d'un changement d'état corporel, d'une variation tonique ou d'un « goût » qui change.

À chacun de découvrir la modalité perceptive qui lui correspond le mieux.

Progressivement, on affine la synchronisation, on repère si l'on part un peu en avance ou un peu en retard... C'est un jeu et il ne faut pas avoir peur de se lancer ; il ne faut surtout pas avoir peur de se formuler ce qu'on sent, se dire « Ah, cette fois je suis parti trop tôt ». Et si on rate une impulsion, pas d'inquiétude : il y en aura d'autres. L'important est de créer le lien perceptif : repérer les départs anticipés ou les retards est un excellent moyen de créer ce lien, d'installer une proximité à ses impulsions, à ses élans.

L'intérêt de ce type d'exercice est double. En premier lieu, il restaure une qualité d'impulsion souvent déficiente chez l'inertifié. Nous l'utiliserons tout spécialement quand tout semble aller bien – sauf justement le passage à l'action ! Travailler l'impulsion est indiqué pour retrouver l'expression corporelle de nos élans, de nos désirs. En fait, nous réalisons rarement que nos impulsions ont déserté notre corps, à moins d'une situation extrême, comme lors d'un épisode dépressif ; c'est bien souvent quand nous les retrouvons que nous mesurons à quel point elles nous manquaient !

En plus de restaurer nos impulsions, nous allons nous remettre en rapport avec elles, c'est-à-dire apprendre à engager nos actions au moment où nous avons l'élan pour le faire, en étant porté par une impulsion. Nous connaissons tous la différence qu'il peut y avoir entre un projet qui nous porte et un projet que nous portons à bout de bras !

Nous travaillerons l'impulsion quand nous nous sentons désynchronisés, peu en phase avec nous-mêmes, que nous avons la sensation de ne jamais faire les choses au bon moment, et que rien ne semble aller de soi ni s'emboîter.

Yves, après une période professionnelle très difficile, présente un état de stress extrême. Quelques séances de thérapie manuelle le soulagent beaucoup, mais il ne parvient pourtant pas à retrouver l'intégralité de ses moyens. Nous travaillons alors sur la lenteur, toujours utile en cas de stress ; cela ne suffisant pas, nous nous penchons sur le travail du rythme, de l'impulsion, là aussi en thérapie manuelle puis en travail gestuel.

De fait, Yves est véritablement désynchronisé ; comme il ne fait pas les choses au moment où l'impulsion est là, il a l'impression de devoir faire plus d'efforts que nécessaire et se sent souvent en porte-à-faux. Nous faisons porter nos efforts sur cette synchronisation entre le geste et l'impulsion interne, sur la précision de la coordination. Par exemple, quel que soit l'exercice choisi, j'invite Yves à me dire à voix haute s'il a déclenché son mouvement au moment précis de l'impulsion interne, ou bien s'il est en avance ou en retard.

Après quelques séances, l'effet est spectaculaire en termes d'efficacité, et surtout, pour Yves, en termes de confort, de qualité de vie. Il a véritablement la sensation de se retrouver et d'être enfin véritablement nettoyé de cette période de grand stress.

Entrer dans le rythme

L'impulsion ne doit cependant pas être un phénomène isolé. Les impulsions doivent se succéder et former un rythme général, qui ponctue et structure l'action.

Travailler sur le rythme s'avère particulièrement intéressant, car le manque de rythme est une donnée fréquente, quasiment constitutive, de l'inertie. L'objectif est d'installer une certaine rythmicité dans le corps et d'en percevoir progressivement les variations.

Le rythme est une succession d'impulsions, d'arrêts, de redémarrages, mais aussi de changements de vitesse, de changements d'orientation : bref de tous les instants d'impulsion, de mise en action, où l'inertie s'exprime avec le plus de force.

Le rythme est donc une donnée majeure de la gestion de l'inertie.

Exercice

La trame est la translation latérale en position debout.

Effectuez un transfert du poids du corps d'un pied sur l'autre, en veillant à ce que le bassin se déplace transversalement et linéairement. Laissez bien votre genou se fléchir du côté de la translation : quand votre bassin glisse horizontalement vers la gauche, votre genou gauche se fléchit légèrement et la pression de votre pied gauche au sol augmente.

Faites alors un point d'appui et attendez l'impulsion de retour, qui peut venir au niveau du bassin ou bien sous la forme d'une poussée dans le pied gauche. Privilégiez ce mouvement qui part du pied ; il se transmet à la jambe et à l'ensemble du corps, poussant véritablement celui-ci dans la direction opposée.

Progressivement, l'élan que vous ressentez dans la jambe augmente et vous invite à décoller légèrement le pied ; au début, le rythme est lent et les pieds se déplacent peu ou pas du tout. Ensuite, il s'agit de laisser « parler ses pieds », de les laisser monter plus haut, ou partir en avant, reculer un peu... Exprimez toutes les nuances que vous percevez au moment de l'impulsion, à la fois dans l'amplitude des déplacements, dans les orientations, dans la vitesse...

En général, apparaissent progressivement des variations de vitesse, une alternance de phases de lenteur et de phases de jaillissements ; il faut vraiment se laisser porter par le rythme qui émerge, sans pour autant s'y enfermer ni s'enliser dans quelque chose d'automatique.

Installer une certaine rythmicité dans le corps, c'est le rendre prêt à l'action, c'est entretenir un tonus de base suffisant pour ne jamais être « cueilli à froid » quand il nous faut nous mettre en branle.

Dès que nous avons installé une familiarité suffisante avec l'impulsion, nous développons donc un intérêt évident à travailler le rythme de manière plus ou moins régulière. Il aura pour nous un effet tonifiant immédiat, très nettement perceptible. Ce peut donc être un travail ponctuel, dans une période où nous nous sentons mollir, où nous avons un peu moins « la pêche », ou encore lorsque nous sommes lancés dans un projet qui réclame vivacité et réactivité.

Mais le rythme va aussi en quelque sorte dédramatiser notre rapport à l'action et nous rendre prêt à toute orientation, à toute amplitude, à tout changement. Nous savons que, si nécessaire, nous pouvons partir, accélérer et ralentir, nous arrêter et repartir en sens inverse… Du coup, nous avons moins d'hésitation à nous lancer.

Le rythme devient alors un état de disponibilité à l'action. Il s'agit d'un travail au long cours. Dans cette optique, chacun des exercices que nous avons abordé jusque-là pourra se terminer par un temps, même bref, où nous aurons une attention plus spécifique sur la rythmicité de l'impulsion.

D'autres exercices

Un déplacement de notre corps dans l'espace constitue donc, lorsqu'il s'effectue sous l'impulsion du mouvement interne, une véritable *mise en action de soi.* L'étude de nos mouvements nous permet donc de mieux comprendre les modalités de nos actions ; il faut simplement veiller à ne pas être systématique dans la lecture du mouvement afin de laisser émerger les informations ; l'écoute de ce que notre corps et notre mouvement peuvent nous apprendre doit rester ouverte.

Ainsi, parmi les exemples que nous avons abordés, une vitesse excessive peut révéler un manque de présence à soi, puisque seule la lenteur permet une pleine perception de soi ; une absence de mouvement linéaire peut témoigner d'une difficulté d'engagement ; un manque de relâchement peut signaler un excès de volonté ou un manque de confiance...

Encore une fois, ce ne sont là que des exemples, *des possibles*, car chaque lecture est individuelle et correspond à une personne donnée, à un moment donné de son existence, sans que cela soit figé ou transposable. Disons que ce sont des grandes lignes à vérifier en priorité quand on n'obtient pas une information franche qui s'impose d'elle-même.

En voici quelques autres, qu'un travail de mise en mouvement de notre inertie peut nous faire rencontrer.

Un élan du cœur... ou d'ailleurs

L'engagement dans l'action relève parfois de données plus qualitatives que quantitatives ; il ne s'agit plus seulement de puissance d'action, mais aussi de savoir *comment* nous abordons l'action, de quel lieu de soi partent l'impulsion et la décision d'agir. Ainsi, une difficulté à s'engager dans un mouvement linéaire peut ne concerner qu'une partie bien spécifique du corps ; elle ne procurera pas la même résonance et n'aura pas la même signification pour nous selon qu'elle concerne la tête ou bien l'abdomen, les viscères...

Exercice

N'importe quel exercice déjà abordé peut faire l'affaire ; nous pouvons par exemple reprendre le mouvement de base vers l'avant, assis ou debout. L'important est de repérer d'où part l'impulsion : au départ, nous l'avions surtout envisagée au niveau des lombaires, mais nous pouvons aussi bien la percevoir dans nos appuis — des fesses sur la chaise ou des pieds sur le sol — que dans l'abdomen, la tête ou le thorax.

Le but de l'exercice est de percevoir quelle partie de nous est porteuse d'une impulsion d'action, mais aussi d'observer si une partie du corps reste à la traîne et se contente de subir le mouvement au lieu d'y participer activement. Le point d'appui sera alors un temps au cours duquel notre attention viendra solliciter ces parties absentes, les « réveiller ».

À chaque fois que nous percevons une impulsion dans un lieu précis du corps, nous pouvons écouter l'effet spécifique que ce starter produit : si l'élan vient du ventre ou de la tête, quelle qualité de mouvement éprouvons-nous alors ?

Ce type d'exercice peut se révéler déstabilisant, car il nous donne parfois à lire notre façon d'agir. Sans tomber dans des recettes toutes faites – la lecture doit véritablement résonner en nous et ne pas être une interprétation – certains découvriront qu'ils ont du mal à « mettre leurs tripes » ou « leur cœur » dans ce qu'ils font, que tout part de la tête ou que leurs jambes sont absentes.

Il n'est pas rare que cette lecture de nous-mêmes évoque alors une façon d'être que nous ne connaissons que trop bien et qui se montre en pleine lumière.

Si ce caractère révélateur du mouvement peut s'avérer parfois inconfortable, cette perception nous offre néanmoins une voie directe pour enrichir et améliorer nos comportements.

ACTION !

Clara, dans son travail, négocie souvent avec des partenaires chinois dont le mode de discussion est très différent du nôtre. Un de ses interlocuteurs tarde actuellement à finaliser leur partenariat et ma patiente craint de se « faire avoir », car, même si les choses sont très engagées, aucun contrat n'est encore signé. Dans les négociations, ce client est toujours souriant et Clara – qui se sent en position de faiblesse – ne peut s'empêcher de s'irriter, reproduisant à chaque fois le même scénario : elle insiste, argumente et s'énerve, tandis que lui, très calme, laisse venir. Clara, qui me consulte pour autre chose, me confie cela car elle vit très mal cette reproduction systématique d'une attitude non efficace.

Ensemble, nous travaillons sur le mouvement avant/arrière : très vite, nous constatons que le point de départ de son mouvement se situe au niveau de la tête et plus précisément de la mâchoire et de la base du crâne. En fait, sa tête semble se précipiter en avant, sans que le point d'appui ait vraiment le temps d'aller à son terme.

Je l'invite à refaire le mouvement en le laissant cette fois partir de l'abdomen, de s'appliquer même à laisser sa tête en peu en retrait. Nous répétons le mouvement jusqu'à ce que la sensation interne soit franche, bien présente et j'invite Clara à refaire l'exercice chez elle.

Trois semaines plus tard, Clara me raconte sa dernière entrevue avec son client : alors qu'elle avait l'habitude de se précipiter pour parler, elle a cette fois pris le temps de laisser venir – notamment en ne laissant pas sa mâchoire se précipiter en avant ! Elle s'est alors rendue compte que ce client avait tout autant besoin d'elle qu'elle de lui ; en restant en lien avec sa sensation corporelle, elle a retrouvé une consistance, une solidité ; en lui laissant du temps, elle a incité son interlocuteur à se dévoiler… et celui-ci a rapidement signé le contrat aux conditions prévues par Clara.

De fait, cette projection de la mâchoire en avant correspondait chez Clara à une prise de parole systématiquement anticipée qui la mettait en difficulté.

Le temps appartient à ceux qui le prennent

Avez-vous remarqué comme nous sommes parfois d'une extrême incohérence ? Ainsi en va-t-il de notre rapport au temps. Nous utilisons volontiers l'expression *prendre le temps*, mais pour peu que nous ayons un programme chargé, nous nous mettons à accélérer et à nous précipiter pour faire les choses.

La rentabilité est devenue une valeur culte de notre société et nous en subissons la pression de manière permanente, surtout quand on est inertifié. Cette pression est génératrice de stress et de précipitation. Il est souvent question de pollution de l'air ou de pollution sonore, mais on devrait aussi parler de pollution des rythmes ! Or, pour agir l'inertifié doit respecter son identité et ne pas céder à cette pression.

En réalité, le temps est une donnée subjective et le temps que l'on mesure n'est pas le temps que l'on vit ; cela est assez simple à expérimenter.

Exercice

La trame de départ est la translation latérale en position debout. Faites un ou deux aller-retour pour prendre vos marques, puis mettez-vous en point d'appui en translation gauche. Au moment de repartir vers la droite, élevez latéralement les bras jusqu'à l'horizontale. Soyez vigilant sur la synchronisation : le mouvement des bras démarre en même temps que la translation et se termine en même temps qu'elle, côté droit. Au retour de la droite vers la gauche, les bras redescendent.

Dès que vous êtes synchronisés, faites trois translations sur ce modèle.

Effectuez ensuite deux mouvements des bras sur une translation latérale : pendant que vous glissez de gauche à droite, vos bras montent à l'horizontale, puis redescendent ; même chose au retour.

Faites là encore trois translations de ce type et veillez à ce que les mouvements de bras et de translation soient synchrones, au départ comme à l'arrivée.

Passez à trois mouvements de bras par translation (les bras montent puis descendent puis remontent, l'inverse au retour), puis à quatre, à cinq et enfin à six mouvements, toujours sur le temps d'une seule translation latérale du bassin. Effectuez trois aller-retour à chaque étape.

Pour y arriver, le premier réflexe est d'accélérer les bras ; en fait, il est surtout nécessaire de bien ralentir la translation du bassin, en prenant garde que celle-ci ne s'arrête pas et se fasse de manière continue.

Parvenu à ce stade, vous allez maintenant faire de nouveau trois aller-retour, en revenant à un seul mouvement de bras ; surtout prenez bien soin de goûter l'effet que cela vous procure. Il vous semble alors avoir un temps infini pour faire votre mouvement de bras...

Cet exercice a pour vocation de nous faire accéder à un vécu subjectif du temps. Il installe en nous une certaine sérénité et nous invite justement à prendre le temps de faire les choses. Il pose un rapport à l'action particulièrement indiqué pour tout inertifié.

Nous utiliserons donc cet exercice sur la lenteur pour échapper au stress ambiant, pour ne pas perdre le lien avec notre mode d'action personnel et notre propre performance.

Une recherche de solidité

Pour agir, il faut être prêt. L'inertie, c'est peut-être ça : ne jamais se sentir prêt. Quoi qu'il en soit, que cela soit justifié ou non, certaines actions nous réclament un temps de préparation, un temps pour apprivoiser nos appréhensions. Les mouvements de base autres que le mouvement avant/arrière présentent un intérêt de vitalité spécifique, de préparation à l'action, avec pour chacun une coloration propre. Le mouvement de base transversal n'est pas seulement un outil pour se situer spatialement, il permet de s'engager entièrement tout en évitant l'aspect de confrontation du mouvement avant.

Exercice

En position assise, faites une translation latérale de toute votre colonne. Là encore, vous devez avoir la sensation que toutes les vertèbres font le même mouvement, avec la même amplitude et à la même vitesse, non plus vers l'avant ou l'arrière, mais vers le côté.

Veillez à ne pas vous pencher, mais bien à effectuer un glissement transversal de toute la colonne. Les principes sont les mêmes que dans les exercices précédents : prenez un point d'appui au bout de la translation. De ce temps de posture doit émerger une impulsion de mouvement vers le côté opposé.

L'amplitude objective de ce mouvement est assez réduite ; il vous faut donc porter soigneusement votre attention sur le moindre millimètre parcouru, et veiller à ce que les vertèbres lombaires les plus basses glissent elles aussi latéralement.

Comme en position debout, cherchez la sensation de faire glisser votre axe, votre verticalité ; cette fois-ci, votre intention n'est pas de quitter la position neutre et de la retrouver, mais plutôt de l'emmener avec vous. Vous ne glissez plus par rapport à l'espace situé devant vous, mais vous poussez l'espace situé sur votre côté (imaginez que vous voulez fermer en même temps tous les tiroirs d'une commode en les poussant avec le côté de votre corps) : votre axe s'engage dans l'espace et agit dessus.

Vous pouvez d'ailleurs jouer avec des intentions différentes : lors d'une translation vers la gauche, vous pouvez soit pousser l'espace à gauche, soit tirer l'espace situé à votre droite et évaluer la différence de résonance entre les deux.

Le mouvement transversal, s'il est moins directement orienté vers l'action, donne une certaine solidité. Il est comme une réflexion avant l'action, le temps de peser le pour et le contre avant de se lancer.

Moins impliquant que le mouvement avant, ne générant pas de déséquilibre, il nous donne à vivre une interaction avec l'environnement sans perdre notre stabilité. Parce qu'il installe en nous des repères spatiaux, il nous permet de nous reconstruire lors d'une phase de vulnérabilité, en particulier avant d'affronter une action qui nous semble particulièrement déstabilisante.

La vitalité qu'il procure est donc plus une solidité de fond, une confiance en soi. Il améliore vraiment la puissance que l'on ressent au fond de soi, la sensation d'avoir sa place dans le monde et d'y laisser son empreinte, avec douceur et fermeté.

Rêve et réalité : un équilibre en mouvement

Le mouvement haut/bas quant à lui, procure une saveur particulière ; s'il est lui aussi l'occasion d'une mise en relation avec soi dans l'action, le cadre de cette relation n'est plus vraiment le monde qui nous entoure. Sa dimension verticale a une saveur philosophique, voire spirituelle.

Exercice

Toujours en position assise, revenez en position neutre et engagez maintenant votre intention de mouvement vers le haut.

Le glissement se fait cette fois dans l'axe, le long de la colonne. La difficulté est de se grandir, de se hisser vers le haut, en se contractant le moins possible ; rester relâché permet d'accéder à un prémouvement très profond, qui s'exprime au cœur du corps. Le mouvement de retour ne doit pas être précipité : il doit nous permettre de « déposer quelque chose » dans les appuis sur la chaise et au sol, laissant la colonne glisser vers le bas.

La sensation est ici assez subtile et requiert une attention bien centrée sur l'axe de la colonne, sur un élan qui semble s'enraciner au cœur même de la matière osseuse de nos vertèbres.

Observez si ce mouvement entraîne ou non une perte de globalité : quand vous glissez vers le haut, est-ce que vous perdez le contact avec le bas ? Avez-vous une affinité flagrante avec une des deux orientations ?

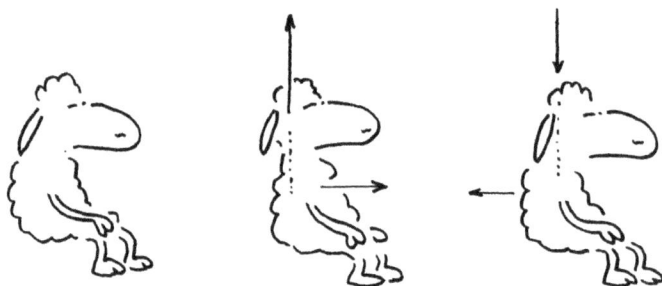

De manière un peu schématique, on peut dire que le mouvement haut/bas est le mouvement qui va vers nos aspirations tout en restant au contact d'un ancrage corporel. Il permet de se poser dans ses appuis et, depuis ce lieu, de grandir, de se mobiliser vers un objectif moins terre à terre. Il nous aidera donc justement en cas de déséquilibre dans ce secteur, soit parce que nous manquons d'ancrage, parce que nos désirs nous enflamment un peu trop et que nous n'avons plus trop les pieds sur terre, soit à l'inverse parce que nous sommes enfermés dans nos limites et que nous avons perdu le contact avec nos aspirations, nos ambitions ou nos rêves.

L'objectif est d'obtenir une modulation tonique équilibrée mais dynamique, c'est-à-dire ayant une amplitude généreuse aussi bien vers le haut que vers le bas. Ici, la voie du milieu ne se trouve pas dans une raisonnable tiédeur, mais dans la capacité à aller dans les extrêmes sans y perdre l'équilibre ; à avoir des rêves un peu fous sans perdre le sens des réalités.

L'ancrage dans la réalité est nécessaire à toute réalisation, mais que ferions-nous sans nos rêves ? En quête de vitalité, nous serions stupides de nous priver de l'élan que nous donnent nos idées géniales !

Le plus délicat reste de ne pas simplement appliquer ces exercices comme des recettes, mais d'arriver à les éprouver, à faire résonner en nous ce qu'ils transportent. Dans ce cas, nous verrons progressivement notre vitalité et notre solidité augmenter au quotidien, de manière très fine mais palpable. Nous nous sentirons plus en forme, plus à même de recruter nos forces et notre motivation d'agir.

Il existe ainsi toute une gamme de paramètres, qualitatifs ou quantitatifs, sur lesquels peut se porter notre attention et à partir desquels nous pouvons moduler à l'infini notre intention de travail. Ceux qui souhaiteraient approfondir ces notions peuvent se référer à l'ouvrage d'Agnès Noël, *La gymnastique sensorielle*, un livre essentiellement pratique, ainsi qu'à celui d'Ève Berger, *Le mouvement dans tous ses états*, qui détaille davantage le rôle du mouvement dans la construction de l'identité et l'impact psychologique du travail en gymnastique sensorielle.

Tout cela vous laisse entrevoir les infinies possibilités offertes par le mouvement : accéder à soi, à ses mécanismes de fond, et donc se découvrir. Une fois perçues, ces structures comportementales peuvent être enrichies, diversifiées et consolidées de manière simple.

Être plus présent à soi, dans son quotidien, cela signifie aussi accéder à la valeur du temps qui passe, goûter chaque seconde qui s'écoule. Cela aussi contribue à lutter contre l'inertie.

QUATRIÈME PARTIE

Donner du sens à sa vie

Chapitre

Mieux se connaître

1

Certains croient qu'être soi-même c'est rester statique ; être soi-même, c'est justement accéder à la mobilité, à la fluidité complète. La vie pleine est un processus et non un état, c'est une direction et non une destination.

Carl ROGERS

Comme vous le constatez, nous n'hésitons pas à utiliser plusieurs fois un même exercice, avec à chaque fois des intentions différentes. Si l'exercice constitue avant tout un cadre d'expérience, l'essentiel est ailleurs. Ce qui compte pour nous, c'est ce que nous permet d'éprouver une situation qui sort de l'ordinaire (le Pr. Bois utilise le terme *extra-quotidien* pour qualifier ces situations expérientielles).

En fait, nous mettons en place une situation d'expérience au cours de laquelle, en fonction de notre *intention*, nous allons poser notre *attention* sur tel ou tel élément que le mouvement interne nous fait ressentir. Cette sensation est une donnée subjective. Mais dans ces expériences, nous voyons bien que l'attention que nous portons sur ce que nous

© Groupe Eyrolles

159

ressentons en modifie la texture. En résumé, plus que le contenu objectif d'une expérience, ce qui nous intéresse est le rapport personnel que l'on établit avec ce contenu.

Quand nous prenons réellement en compte ce que nous éprouvons, nous découvrons comment, dans le secret de notre vie intime, se construit notre façon d'être et s'élaborent nos actes. Plus encore, en y portant notre attention, nous influençons et faisons évoluer cette façon d'être ! La connaissance renouvelée de soi devient ainsi facteur de transformation du quotidien, de *notre* quotidien.

Inertie et connaissance de soi

Le mode d'expression le plus visible de l'inertie est l'incapacité de réaliser une chose que nous pensions accomplir. Mais en y regardant de plus près, on peut considérer que la manière d'envisager cette chose à accomplir – projet personnel ou tâche que nous acceptons – relève déjà des mécanismes de l'inertie.

En effet, à cette étape, la tâche envisagée est évaluée selon des critères objectifs : puisqu'elle semble à la portée de n'importe qui, nous l'acceptons ! En faisant cela, l'inertifié néglige le rapport subjectif, personnel, que lui-même entretient avec l'action. Il n'évalue que la difficulté objective apparente de la tâche en question. Tout se passe comme s'il ignorait ou ne pouvait admettre sa difficulté personnelle sur un acte apparemment banal : d'où l'intérêt d'affiner la connaissance de soi et d'être à même d'en tenir compte.

Se connaître, c'est avant tout reconnaître son inertie, l'assumer et surtout ne pas l'ignorer (au double sens du terme : ne pas connaître et prétendre ne pas voir). Devant toute tâche à accomplir, il faut admettre d'emblée la difficulté liée à l'inertie dont on est victime. Nous ne

pouvons pas nous contenter de considérer la difficulté intrinsèque d'une action ; nous devons prendre en compte la difficulté qu'elle représente *pour nous.*

Deux possibilités se présentent alors : soit on refuse la tâche en question – ce qui implique d'admettre au grand jour qu'une action ordinaire pour un autre est, pour soi, loin d'être anodine – soit on accepte cette tâche. Il nous faut alors savoir pertinemment ce que l'on aura à surmonter, et nous préparer pour l'accomplir.

Cet effort d'attention et de lucidité peut être inconfortable dans un premier temps, mais il permet de donner corps au problème, de se l'approprier. C'est la condition *sine qua non* pour avoir une chance de le voir évoluer.

Le travail de perception du mouvement montre ici tout son intérêt. En effet, nous avons beaucoup de mal à ne pas juger nos comportements quand nous y sommes confrontés dans notre quotidien ; et qui dit jugement dit souvent difficulté à assumer. La perception de la modulation tonique nous met en relation avec nos comportements, mais sous forme de tendances, de mouvements ; or on ne juge pas un mouvement.

Exercice

Explorez alternativement chacun des mouvements de base : transversal, puis avant/arrière et enfin haut/bas. Avec un peu d'attention, vous pouvez déterminer avec quel mouvement vous vous sentez le plus en affinité : qu'il soit plus facile, plus fluide, plus agréable, plus nourrissant... c'est celui-là qui, aujourd'hui, vous fait du bien.

Si vous êtes dans une période de moral précaire ou de petite forme, vous allez préférer cette orientation-là, en soignant simplement le relâchement ou la lenteur, en savourant votre exercice.

Si vous êtes dans une période où tout va bien, prenez également cette orientation, mais à chaque point d'appui, guettez l'opportunité d'aller explorer un des autres mouvements de base ; vous pourrez alors, sur cette orientation moins familière, améliorer présence, linéarité, engagement, etc.

Considérez simplement qu'il vous faut enrichir votre palette comportementale en explorant et en rendant disponibles des possibilités gestuelles jusque-là absentes. Tout ce que vous pourrez découvrir sur vous-même dans ce travail – vos affinités avec telle ou telle orientation, la sensation de puissance de votre lenteur ou la nuance de vos coordinations par exemple – sera une stratégie préférentielle, un point fort sur lequel vous vous appuierez en période délicate.

Inversement, dans l'optique d'un travail de fond, vous aurez plutôt à cœur d'explorer les caractéristiques les moins performantes de votre mouvement, d'observer vos stratégies au cours de l'exercice. Cela vous permet de mieux vous connaître, mais aussi d'améliorer en temps réel les points faibles de votre mouvement.

Florence est responsable des ressources humaines dans une grande entreprise. Elle est compétente et le sait ; mais elle ne donne toute sa mesure que dans des enjeux majeurs. Si, pour des équipes en grande difficulté, elle n'a aucune difficulté à mobiliser toute sa compétence, le suivi et l'accompagnement sur la durée lui posent problème.

Florence ayant déjà une certaine pratique, je lui propose un travail en mouvement sur une séquence gestuelle assez élaborée. Au cours de celle-ci, je lui demande d'observer non plus la qualité de son mouvement, mais la qualité de son attention. La consigne est d'en repérer les fluctuations : à quels moments du mouvement a-t-elle le plus de sensations, de présence ? À quels moments décroche-t-elle ?

Très vite, malgré la qualité de son mouvement et la sensation de puissance qui s'en dégage, il apparaît qu'elle n'a de sensations véritables que dans les amplitudes extrêmes, liées à la tension musculaire, ou dans les changements d'orientation qui sollicitent sa perception articulaire. En caricaturant, on peut dire qu'elle ne se « sent » vraiment que dans les sensations les plus physiques, les sensations fortes (toutes proportions gardées bien sûr !).

Je lui demande alors d'être attentive tout au long du trajet et de capter les fluctuations de tonalité et d'intensité qui se manifestent au cours de son mouvement, puis de les décrire avec précision. En accédant à cette précision de sensation dans son mouvement, aux infimes fluctuations de son prémouvement, elle commence à prendre en compte des sensations plus ténues, moins spectaculaires et nuance son rapport à l'action.

Grâce à cette qualité attentionnelle sur le mouvement, Florence réalise qu'elle peut avoir une approche différente de son travail : des perceptions précoces lui permettent d'anticiper davantage les problèmes relationnels et de prévoir des réajustements d'organisation avant que n'éclatent les situations de crise.

Et Florence y puise surtout un plaisir nouveau, peut-être plus subtil, mais tout aussi intense à sa façon.

Il s'agissait bien dans ce cas d'enrichir une compétence, puisqu'il fallait étendre à d'autres secteurs une qualité de perception et une puissance d'action jusque-là réservées à des situations extrêmes, donc limitées.

Nous avons ainsi certains « angles morts », des façons de faire ou des manières d'être, des mécanismes tellement naturels et évidents que nous ne les voyons plus. Aussi, lorsque nous effectuons un exercice en mouvement, quelle que soit sa finalité initiale, nous devons garder une attention ouverte aux effets de cet exercice. Ces effets ne sont pas toujours ceux que nous attendions ; lorsqu'ils nous surprennent, lorsque nous éprouvons des sensations nouvelles, ou même lorsque l'exercice nous trouble, tant mieux ! C'est probablement que nous sommes bousculés dans nos habitudes, que nous sommes confrontés à nos automatismes, et que nous est révélé un de nos « angles morts ».

Se rendre disponible à ceci implique de reconnaître et saisir l'opportunité de changer l'objectif initial de l'exercice au cours même de celui-ci ; de savoir se laisser emmener vers la nouveauté.

Pour plus de discernement

Au quotidien, il est parfois délicat de distinguer ce qui relève de l'illusion, de représentations erronées ou de l'habitude, et ce qui relève d'une réalité fondée et estimée avec clairvoyance. Dans le cadre de l'inertie, il est particulièrement intéressant de repérer tout ce qui influence notre rapport à l'action (ou à une action bien précise) et ce qui interfère de façon plus ou moins consciente dans nos prises de décision – ou mieux encore dans nos absences de décision.

La perception du mouvement interne nous offre une voie de passage intéressante pour améliorer notre discernement.

En premier lieu, percevoir la modulation tonique au cours de l'exercice est la garantie de notre présence à l'expérience en cours. Cette modulation nous offre un vécu nouveau, une façon d'éprouver nos actes qui nous sort d'emblée de nos habitudes. En l'absence d'un objectif extérieur et utilitaire, c'est le vécu effectif de l'expérience présente qui émerge : je vis la réalité de l'acte que j'effectue et non l'idée que j'en ai.

La modulation tonique dans l'acte gestuel est ensuite une occasion d'examiner en temps réel les constituants de mon action : son orientation ou son amplitude, ses qualités – qu'il s'agisse de coordination, de globalité, de fluidité – ou bien encore mon engagement dans cette action. Je perçois ce que je fais, je perçois comment je le fais et je suis à même de me le formuler. En faisant coller ma pensée à la réalité d'une action simple, mais dans laquelle je suis pleinement investi, j'acquiers la faculté de clarifier ma pensée dans l'action, y compris lorsqu'il s'agira d'actes plus élaborés, de faits plus larges.

L'exercice incitant à ralentir (voir paragraphe : *le temps appartient à ceux qui le prennent*) en est une illustration ; il nous invite à revisiter notre rapport au temps.

En portant mon attention sur la réalité d'une expérience vécue et nouvelle, je sors de mes mécanismes habituels, ceux qui ne se réfèrent qu'aux idées que j'ai des choses. Je suis moins influencé par mes expériences passées, et je ne me contente plus de mes représentations habituelles. Au contraire, je laisse mes conceptions se renouveler en fonction de mes expériences présentes. J'apprends à me laisser surprendre par le

contenu de mes actions, à ne pas préjuger du résultat de mes entreprises ;
je guette des effets inattendus, des évolutions imprévues…

Paul, un jeune musicien, vient me consulter pour une sciatique ; il est complètement bloqué par la douleur et cela le paralyse littéralement au quotidien.
Un traitement manuel lui apporte un premier soulagement, mais celui-ci ne
tient pas vraiment sur la durée…

Deux ou trois séances, nous permettent de mieux cerner la situation de Paul :
ayant toujours eu une vie d'artiste, il aime sa liberté, ses voyages, ses concerts
à droite et à gauche. Or il a rencontré une jeune femme dont il est tombé très
amoureux, et ils ont décidé d'avoir un enfant. Au fur et à mesure que la gros-
sesse avance, Paul s'est mis en tête qu'il va devoir dire adieu aux voyages et
aux concerts ; la paternité à venir lui est une telle charge qu'elle déclenche
une sciatique !

Il faut savoir que le disque intervertébral, souvent impliqué dans l'apparition
d'une sciatique, est très sensible à la pression qui s'exerce sur lui et à la cohé-
rence des contraintes qu'on lui impose. En l'occurrence, et bien qu'elle soit
plus « supposée » que réelle, la pression est trop forte, et les orientations de
mouvement subies par le disque sont contradictoires : Paul veut tout à la fois
avancer et reculer.

En quelques séances, il parvient à capter la modulation tonique dans son
corps, et notamment l'excès de tonus interne, en lien avec ses appréhensions.
Je l'amène progressivement à relâcher ce tonus.

Ensuite, en pratiquant le mouvement de base, il perçoit au niveau de ses lombaires cette envie simultanée d'aller en avant et en arrière, cette contradiction
d'orientation qui s'exerce tout en bas de sa colonne, comme une divergence
de vue entre la volonté de ses muscles et le désir de ses viscères. Et c'est au
moment du point d'appui que les choses semblent alors évoluer et
s'organiser : Paul réalise que plus il se laisse aller en confiance vers l'arrière,
plus l'élan vers l'avant est franc et porteur ; réciproquement, s'il s'engage
sans retenue vers l'avant, le retour vers l'arrière est beaucoup plus gratifiant.

Parce qu'elle est reliée à un vécu intime, l'expérience lui fait prendre conscience que ses aspirations *a priori* contradictoires peuvent aussi, à condition
de les organiser de façon cohérente, se bonifier l'une l'autre. Paul comprend
que ce qui l'a paralysé et placé dans une inertie totale, c'est son anticipation
catastrophiste des événements.

Cette situation illustre bien la façon dont une expérience sensorielle
peut venir remettre en question un *a priori*, une idée fondée sur des
croyances ou des peurs. Elle illustre aussi à quel point le mouvement
interne et l'état tonique de la matière du corps constituent l'interface du
corps et du psychisme...

La sciatique de Paul ? Il ne m'en a plus jamais parlé, il m'a juste fait
parvenir son premier CD...

En fait, on pourrait dire qu'il faut devenir un praticien-chercheur de sa
propre vie ; chaque événement peut devenir une expérience, et chaque
expérience, à son tour, une occasion d'apprendre, de tirer des enseigne-
ments, d'explorer des motivations... C'est tout l'intérêt et l'objectif de
la somato-psychopédagogie, puisqu'à partir d'un travail sur le corps et
la perception, on enrichit ses modes de pensée ; c'est ce que le professeur
Bois nomme la « modifiabilité perceptivo-cognitive ».

Il suffit alors de laisser progressivement s'installer ce rapport sensoriel
au quotidien, de découvrir la partie cachée de l'iceberg que constituent
le contenu de nos actions et le vécu que nous en avons.

Une pratique du mouvement suffisamment régulière permet de créer
ce rapport sensoriel ; si nous y engageons notre attention, le transfert à
la vie quotidienne se fait spontanément. Il s'agit de ne pas rester dans la
routine comportementale, de prendre acte des changements et de les
valider.

Être soi ou ne pas être

De même que la vue d'un paysage ou l'écoute d'une musique ont une réelle saveur, la perception de la modulation tonique, de cette animation en soi, donne un sentiment d'être, d'exister, particulièrement bonifiant. Karine, patiente atteinte de la maladie de Parkinson, l'exprimait ainsi : « La première séance m'a réconciliée avec mon corps. La deuxième m'a réconciliée avec moi. »

Notre société, hélas, n'accorde guère d'importance au lien fondamental qui existe entre les sensations corporelles et le sentiment d'exister. La proprioception par exemple, le sens du mouvement et de la posture dans le corps, est encore bien méconnue aujourd'hui. Elle n'est toujours pas enseignée à l'école : plus d'un siècle après la découverte de la proprioception, l'homme a irrémédiablement cinq sens dans les programmes scolaires ! Pourtant, ce véritable « sixième sens » fut d'emblée considéré comme « l'ancrage organique de notre identité »[1] par Sherrington, le neurophysiologiste qui l'a mis en évidence. L'expérience montre effectivement que le simple fait d'améliorer la sensibilité proprioceptive, d'établir un lien entre la personne et sa proprioception, améliore le sentiment d'identité ; cela consolide l'ancrage identitaire et stabilise le rapport à l'environnement.

Au-delà de cette perception purement organique, le rapport que l'on établit avec le mouvement dans son corps est véritablement une connexion avec une sensation d'être et d'agir, c'est-à-dire de vivre. Cette sensation nous révèle le goût que peut avoir l'existence : en accédant à ce goût, on rencontre, immédiatement, tout de suite et sans artifice, la saveur de la vie dans le corps. Cette sensation, que l'on peut qualifier de *sentiment d'existence*, c'est à la fois ressentir physiquement un élan à vivre et avoir la certitude que cet élan a un sens.

---

1. Roll J.-P., *op. cit.*

Suggestion

Quelle que soit la finalité première d'un exercice de mouvement ou d'introspection sensorielle, il est nécessaire d'avoir toujours une attention sur ce que l'on appelle la résonance, c'est-à-dire les effets du mouvement en soi. Qu'est-ce que cela me fait ? Quel goût cela déclenche-t-il dans mon corps ?

La saveur du mouvement vécu a un effet antidépresseur et développe une sensation de bien-être. À plus long terme, elle offre un ancrage fort dans l'existence. Mais cette sensation, si l'on n'en fait rien de plus, est éphémère. D'où l'intérêt de la formuler pour l'extirper d'une évidence sans lendemain et la faire entrer dans le monde des faits.

Cette sensation d'être et d'agir est un goût concret, physique, d'où émane la conviction évidente que la vie se suffit à elle-même ; celle-ci, alors, ne nécessite pas de justification, elle est tellement porteuse de sens qu'elle ne suscite aucun « pourquoi ». L'intensité concrète et la réalité corporelle de ce sentiment d'existence nous installent définitivement dans le fil de notre vie ; le « Je pense donc je suis » de Descartes devient : « Je prends acte de ce que j'éprouve donc je suis ». Et c'est la sensation inédite du mouvement interne qui est à la source de ce sentiment d'existence.

Il y a une certaine légèreté à vivre sans la nécessité de justifier le pourquoi de notre existence, que ce soit vis-à-vis d'autrui ou de nous-même. La consistance de nos repères internes nous rend moins dépendants du regard d'autrui. Celle-ci n'est plus référence obligatoire, elle devient simplement enrichissement d'une identité déjà solide.

On ressent alors une invitation à investir pleinement cette existence propre, une invitation à devenir ce qu'on découvre. *Je dois être moi,* sans restriction.

Voilà exactement ce que l'on éprouve : en même temps un état intérieur et un besoin de réaliser cet état, de l'extérioriser, de l'exprimer au monde. Parce qu'on se découvre des potentialités nouvelles, on ressent le désir de les frotter au monde qui nous entoure, de les incarner dans l'action, c'est-à-dire d'être complètement soi, dans toutes ses facettes.

À partir de là, les choses deviennent plus simples, parce que les décisions s'allègent du poids des conséquences possibles de nos actes. Progressivement, on constate que les suites de ceux-ci ne sont pas inéluctables, ni aussi lourdes qu'on l'avait cru. L'objectif devient plus ouvert, il autorise l'inattendu et l'imprévu. Au lieu d'ajouter du poids aux décisions anodines – ce que l'inertifié fait volontiers – nous allons pouvoir en ôter aux décisions plus importantes.

Au lieu de projeter nos peurs et nos angoisses en guise de conséquence possible de tel ou tel acte – « oui, mais si je fais ça, il va se passer ceci ou cela » – nous nous dégageons l'horizon ; le futur devient ouvert, et toutes les potentialités se présentent à nous.

Ainsi, le travail de la perception ouvre notre attention aux choses telles qu'elles sont et renouvelle nos représentations du monde. En sortant de nos automatismes, de l'évidence de nos habitudes, nous accédons à une pensée qui discerne, à une connaissance de nous-mêmes plus ajustée et évolutive.

L'estime de soi devient plus forte, car elle se nourrit aussi du sentiment de soi, de la confiance en notre capacité à être et à agir. Un sentiment d'existence plus fort nous habite et relativise ainsi la notion même d'échec : l'essentiel est ailleurs, nous le savons.

Plus cohérentes, plus proches de ce que nous sommes vraiment, nos prises de décision deviennent moins lourdes de conséquences ; elles débouchent plus facilement sur un acte, sur une mise en action de soi.

Chaque événement, chaque acte devient une expérience que l'on s'autorise à vivre : être présent au temps qui passe, vivre pleinement l'expérience qui se déroule, quel qu'en soit le contenu, voilà ce qui a du prix.

Dès cet instant, notre seule obligation devient d'être nous-mêmes, pleinement et totalement.

En effet, seule cette adéquation entre qui nous sommes et ce que nous faisons nous permettra de retirer la substantifique moelle de nos actes, d'être concernés et enrichis par nos expériences.

En dernier ressort, la présence à soi s'avère une condition essentielle de la présence à l'autre.

Cependant, alléger les conséquences de nos actes ne signifie pas faire n'importe quoi…

De l'inertie à la vie

2

Réaliser, c'est prendre conscience, non pas de ce qu'on ne voit pas, ou de ce qu'on ne sait pas, mais, au contraire, de ce qu'on voit, de ce qu'on sait, voire de ce qu'on ne sait que trop, de ce qu'on a sous les yeux.

François JULLIEN

Il semble que l'humain ne puisse se passer de donner un sens à toute chose. Lorsque l'enfant découvre le langage et le monde, il veut tout comprendre et nous bombarde de ses *pourquoi* (certains parents, d'ailleurs, vivent comme un harcèlement que leur enfant exprime avec autant de force son besoin vital de comprendre).

L'adulte, même s'il les pose moins, reste empli de *pourquoi* ; il cherche désespérément un sens à « tout ça » – sa vie, le monde, ou n'importe quoi qui pose problème.

Au fur et à mesure que l'inertifié entre en contact avec sa vie interne, qu'il veille à maintenir cette présence à lui-même dont nous avons parlé et qu'il en tire parti, il éprouve de moins en moins le besoin de justifications, il se pose moins souvent la question *pourquoi ?*

En étant plus attentif à être, on se demande un peu moins pourquoi on est. Le sentiment d'existence devient suffisamment fort pour que la question s'estompe en arrière-plan.

Pour autant, ne plus avoir d'angoisses existentielles ne signifie pas que la vie n'a plus de sens. Bien au contraire, c'est parce qu'elle a pris tout son sens que les angoisses existentielles disparaissent. Je reprendrai ici cette phrase de Gustave Thibon : « Celui qui sait pour quoi il vit n'a pas besoin de se demander pourquoi il vit ».[1]

La nuance entre *pourquoi* et *pour quoi* est importante ; et même cruciale pour l'inertifié. En effet, l'un des fondements de l'inertie est l'enjeu excessif qui pèse sur les actes ; nous avons entrepris d'agir sur celui-ci. Mais enlever le poids des conséquences est une chose, donner un sens à ce que l'on fait en est une autre : la nécessité du *pour quoi* demeure. Autrement dit, après avoir abordé ce qui nous freine, abordons ce qui peut nous inciter à agir.

De l'action au processus créatif

La difficulté de l'inertifié réside en partie dans la fragilité de sa foi en lui-même ; c'est donc cette foi que l'action doit venir alimenter. Il faut non seulement que l'action de l'inertifié ne menace plus sa foi en lui, mais qu'au contraire, elle l'entretienne, la nourrisse et la fasse fructifier.

Pour cela, soit on supprime les ratés, les échecs – ce qui est difficile – soit on modifie le rapport que l'on a avec eux, on en renverse la signification. Un des moyens d'opérer ce renversement est de faire évoluer le *pour quoi* de nos œuvres. J'emploie à dessein le mot « œuvres », car il me

---

1. Thibon G., *L'ignorance étoilée*, Fayard, 1974.

semble qu'une voie de passage se situe précisément ici : ne plus effectuer des actes mais réaliser des œuvres.

La plupart du temps nous entreprenons nos actions dans l'objectif d'atteindre un résultat bien précis ; si le résultat obtenu n'est pas celui que nous attendions, c'est l'échec !

Qu'y a-t-il pourtant de plus subjectif et de plus aléatoire qu'un objectif fixé à l'avance ? Celui-ci n'est déterminé qu'en fonction d'un désir personnel, d'une convention sociale ou, comme nous l'avons vu, d'une projection plus ou moins arbitraire.

À bien y regarder, l'obligation de réussite est beaucoup plus présente, beaucoup plus pesante, qu'on ne le croit ; c'est un conditionnement très fort et particulièrement insidieux. Nous nous retrouvons ainsi exagérément atteints, entamés, dès que le résultat obtenu n'est pas celui que nous espérions ou que d'autres espéraient pour nous.

En revanche, si notre objectif n'est plus un résultat prédéterminé, mais bien le processus créatif en tant que tel, nous risquons beaucoup moins l'échec, la souffrance qu'il entraîne et la peur qu'il installe. Nous envisageons beaucoup plus spontanément de réussir.

Car dans ce cas, la nature de la réussite change ; aboutir à un résultat différent de celui qui était attendu n'est plus synonyme d'échec, dès lors que ce résultat inattendu et le processus qui a mené à ce résultat nous apprennent quelque chose, dès lors que nous en avons pris acte et tiré un enseignement.

Notre principale contrainte sera simplement une recherche d'authenticité, car celle-ci est le germe d'un véritable processus créatif ; elle devra se doubler d'une véritable curiosité quant au résultat à venir : nous pouvons avoir un objectif en vue (c'est même nécessaire), mais nous ne devons en aucun cas y être attachés de manière rigide. Gardons-nous la possibilité d'être surpris par nos propres œuvres.

C'est aussi pour cela que nous avons posé comme préalable la présence à soi : celle-ci est indispensable pour qu'un acte puisse connaître une vraie *réalisation* : réalisation d'une œuvre qui soit aussi réalisation de soi.

Découvrir ce que l'on crée

En étant simplement attentifs aux effets de nos actes, nous obtenons de précieuses informations sur la conduite à adopter pour la suite. En acceptant ces effets, nous leur permettons d'être à leur tour déclencheurs d'autres effets ; nous rendons ainsi notre action évolutive.

Exercice

Mettez-vous debout au centre d'une pièce suffisamment dégagée pour pouvoir vous y déplacer aisément. Toujours très relâché, bien posé dans vos appuis au sol, entrez en relation avec les petites oscillations que ne manque pas de générer cette position. Ceci fait, ralentissez légèrement ces oscillations et, à leur terme, posez des points d'appui. À l'issue de ces petits temps de posture, l'oscillation repart en sens inverse.

À chaque point d'appui, essayez de percevoir l'élan qui vous invite à repartir en sens inverse. Celui-ci a un effet de « poussée » : il doit donc amplifier l'oscillation. Ainsi, au bout de quelques points d'appui, vous êtes au bord du déséquilibre ; dès que c'est nécessaire, laissez un de vos pieds partir en avant pour rattraper ce déséquilibre et vous permettre de prolonger l'oscillation. Laissez-vous porter par le rythme des oscillations.

Allez toujours à la frontière du déséquilibre et laissez-vous emporter par l'impulsion de retour ; progressivement, vous êtes amené à faire un autre pas, puis deux, comme une petite course rapide qui vous permet d'accompagner la vague de cette oscillation en vous. Vous pouvez aussi, en bout de course, prolonger cette vague avec vos bras ; soyez à l'affût des effets, de l'évolutivité de l'exercice, soit par des changements d'orientation, soit par des accélérations, des mouvements de bras plus amples (comme si vous lanciez un ballon en l'air et que vous attendiez qu'il retombe pour le rattraper et aller le lancer ailleurs...). S'il y a des temps de ralentissement, la plupart des déplacements sont plutôt rapides.

L'objectif est d'entrer en résonance avec ce petit rythme et de le laisser évoluer ; de faire fructifier les élans qu'il déclenche, et de se laisser surprendre par la chorégraphie qu'il dessine. Si vous n'osez pas trop vous lancer, aidez-vous en mettant une musique un peu dansante que vous aimez bien.

Nous devons avoir une intention, pas une volonté ; une orientation, pas un trajet arrêté ; une attention portée sur le processus créatif lui-même, pas sur l'idée – préconçue – du résultat à venir.

Une focalisation excessive sur un résultat attendu risque par ailleurs de nous faire passer à côté d'effets ou de résultats peut-être inattendus, mais néanmoins fort intéressants. En combinant l'effet du rythme et celui de la liberté de mouvement, on stimule la créativité. Ce type d'exercice nous invite à sortir des sentiers battus, à prendre du plaisir à ce que nous faisons. Il nous détache aussi d'un résultat figé à l'avance, puisqu'on découvre le mouvement au fur et à mesure qu'on le crée. Il nous pousse à oser.

Lorsque Lucie vient me voir, sa demande n'est pas clairement formulée. Elle évoque un problème d'intensité : certains de ses proches lui disent qu'elle ne manifeste guère d'émotion dans ce qu'elle fait, qu'elle semble parfois distante ou tiède. Lucie s'interroge. C'est vrai, sa vie manque un peu de mouvement et d'intensité, mais en revanche, à l'intérieur d'elle, l'émotion est bien présente, parfois forte.

Après un bref entretien, je lui propose un travail sur le rythme. Nous démarrons par un travail debout associant des mouvements de base et des mouvements des bras, puis des déplacements. Mais le rythme ne déclenche pas ce que j'attendais : pas d'étincelle, pas de variations d'intensité... En revanche, je note des petits détails qui se modifient : un très subtil fondu-enchaîné entre les articulations, un léger délié des poignets ; ces petites variations invitent à plus d'expressivité. Je mets alors de la musique et demande à Lucie de relier son mouvement aux variations d'intensité que la musique déclenche en elle ; de ne pas se laisser emmener par le rythme de la musique elle-même, mais par les variations d'état qu'elle produit.

Et là, moment magique : Lucie dégage une présence extraordinaire, son mouvement est une danse, ses points d'appui sont vivants, intenses, lumineux, évolutifs. Le corps de Lucie est tout expression, jusqu'au bout de ses phalanges qui dilatent l'espace.

À la fin de son mouvement, Lucie reste un instant silencieuse, les yeux fermés. Lorsqu'elle les ouvre, son regard porte la luminosité de ce qu'elle vient de vivre. Nous savons que cet instant-là, nous ne l'avons pas déclenché, nous avons juste eu le bonheur de le saisir au vol.

La notion de processus créatif est à prendre au sens large. Elle ne doit surtout pas être limitée à la création artistique. Au contraire, l'enjeu est bien d'élargir le champ de la création : tout ce que l'on peut réaliser est un processus créatif, de la moindre recette de cuisine à l'aboutissement d'un rêve professionnel, du simple bricolage dominical à l'éducation d'un enfant. Nous savons très bien, par exemple, qu'il existe de multiples et différentes façons d'éduquer un enfant ; celui qui prétend détenir *le vrai* en la matière est prétentieux ou, pire, menteur.

En revanche, il est indéniable que la qualité de présence du parent est un atout important dans l'éducation d'un enfant : la présence à soi est indispensable pour la présence à l'enfant. Nous savons aussi qu'un minimum d'attention est nécessaire pour percevoir et s'adapter à la réalité que l'enfant nous propose. Le bonheur, c'est de découvrir en temps réel l'adulte qu'il devient. Si l'on a une image trop précise du « résultat » à obtenir, on risque la désillusion !

Mener la création à son terme... quel qu'il soit !

Absolument tout peut être abordé sous cet angle d'un processus créatif à mener à terme.

Car il faut aussi une détermination à le mener à terme, même si l'on ignore encore quel sera ce terme.

C'est un peu ce qui fait défaut aux inertifiés artistes : leur créativité est grande, mais ils peinent à se maintenir dans un axe (absence de linéarité le plus souvent) ; ils changent alors sans arrêt d'orientation, parce que leur créativité les appelle dans une autre direction. Ils passent ainsi à autre chose, sans même vraiment s'en rendre compte. Du coup, bien peu de leurs projets aboutissent. L'évolutivité ici ne naît pas de l'intérieur ; c'est plutôt une forme de dispersion en réponse à un appel extérieur, une distraction parasite qui coupe l'action de son élan propre.

Ainsi, ces artistes victimes d'inertie sont parfois déconnectés des réalités matérielles ; n'étant pas suffisamment présents au déroulement concret, physique, du processus créatif, ils perdent le contact en cours de route et ne mènent pas leurs œuvres à terme.

Exercice

Pour démarrer, reprenez une translation latérale en position debout. Faites glisser le bassin vers la gauche, selon un trajet parfaitement linéaire, sans torsion ; le genou gauche se plie légèrement et la pression augmente sous le pied gauche. Au terme du mouvement, faites un point d'appui et guettez l'impulsion de retour ; toutes les articulations — hanche, genou, cheville — doivent démarrer et arriver en même temps. Prenez le temps de quelques translations pour bien vous installer dans le mouvement linéaire du bassin.

Ensuite, en même temps que la translation, effectuez une rotation de la tête : quand vous glissez vers la gauche, la tête se tourne vers la gauche, et inversement. Là aussi, toutes les articulations démarrent en même temps et s'arrêtent en même temps. Laissez évoluer le mouvement, le temps d'améliorer la coordination, de gagner en relâchement et en amplitude ; ne forcez pas cette dernière.

L'enjeu de l'exercice est maintenant d'observer si votre attention est stable tout au long du mouvement ; vous devez ressentir la translation du bassin et la rotation de la tête, depuis le départ du mouvement jusqu'au terme de son amplitude. Certains décrochent parfois dans les extrêmes, d'autres à l'inverse ressentent bien le début et la fin, mais sont moins présents au milieu du mouvement. Partez des secteurs que vous percevez le mieux et essayez progressivement de prolonger cette qualité de l'attention vers les secteurs ressentis moins nettement.

Pour aller au bout de nos actions, il nous faut d'abord être présents à nos actes en cours. Un objectif à atteindre est en soi une motivation —

c'est-à-dire, en termes de mouvement, une intention directionnelle – mais même une bonne motivation ne suffit pas toujours. En améliorant la qualité de l'attention que nous posons sur le processus en cours, nous augmentons la stabilité de notre investissement, nous percevons mieux les réajustements à opérer et le plaisir que nous retirons en cours de route entretient notre vitalité, notre entrain.

Être présent à ce que l'on fait est un préalable pour aller jusqu'au bout. Nous pouvons ensuite aborder le problème de l'amplitude proprement dite.

Exercice

Pour plus de simplicité, reprenez la trame de l'exercice précédent, une translation latérale debout. Ajoutez-y à présent une élévation des bras sur le côté. Cette fois, l'objectif est simplement de travailler sur l'amplitude. Observez d'abord si toutes vos articulations et tous vos mouvements vont au terme de l'amplitude possible.

Attention, il ne s'agit pas de forcer, simplement de vérifier si, en prolongeant le glissement transversal de quelques centimètres, en ouvrant encore un peu une articulation, juste de quelques degrés, vous pouvez améliorer la qualité de l'impulsion ou déclencher des sensations différentes.

Tant qu'on ne quitte pas le lien avec la modulation tonique, tant que l'on a toujours cette sensation de glissement épais à l'intérieur de soi, on peut gagner en amplitude. Un point d'appui posé vraiment au bout du trajet, bien relâché, va déclencher une réponse plus profonde et plus intense ; il sera plus performant, générera plus d'informations corporelles, plus d'élan.

Ici, vous pouvez évaluer l'amplitude de la translation latérale du bassin : allez bien au bout, mais sans forcer sur la jambe d'appui, sans vous contracter. Vous pouvez aborder la notion d'amplitude sur n'importe quelle articulation : jouez avec l'ouverture d'un genou, avec le mouvement d'élévation des bras — au gré des points d'appui, ils doivent monter de plus en plus haut.

Surtout, soyez attentifs à ce que procurent ces derniers degrés d'ouverture de vos articulations, les derniers centimètres de votre mouvement linéaire...

Ici, l'objectif est d'aller vraiment au bout de l'amplitude disponible, d'emmener jusqu'à son terme l'impulsion de départ. Ce type de travail est évidemment indiqué lorsque nous peinons à mener nos actions à terme. Nous pouvons aussi l'utiliser quand notre motivation s'érode et lorsque nous avons tendance à nous disperser, à ne plus savoir pourquoi nous faisons les choses.

ET QUE NOUS DIT PLATON ?
- LA TÂCHE TOUT ENTIÈRE EST EN SON COMMENCEMENT...

Lorsque l'action est ainsi menée, la notion d'effort se transforme : il ne s'agit plus d'appuyer un acte à accomplir par notre volonté, mais de maintenir une vigilance pour rester en contact avec le processus créatif, avec notre force d'engagement, notre implication totale. L'effort consiste simplement à rester attentif à ce que nous apporte la création, avec le plaisir que nous pouvons y prendre, indépendamment du résultat à venir.

On peut également parler d'une vigilance à garder la motivation initiale de ce que nous entreprenons ; trop souvent, nos projets perdent en route leur motivation première et deviennent un but en soi.

Un peu comme si gagner de l'argent, qui théoriquement sert à vivre, devenait un but si obsédant que sa poursuite nous empêche justement de vivre...

Ce qui compte en premier, c'est la force et la durée de vie de la motivation qui porte nos actes ; quelle que soit l'action concernée — et au-delà de la valeur que nous lui accordons — nous devons poser une attention toute particulière sur la réalité du lien entre l'acte et la motivation qui le sous-tend.

Exercice

Dans ce cas précis, la perception du mouvement linéaire tout au long du mouvement effectué est un bon moyen d'améliorer cette relation à la motivation d'un acte...

Reprenez, par exemple, l'exercice que nous venons d'utiliser (écartement et élévation des bras sur un mouvement linéaire transversal). Veillez cette fois à bien articuler mouvement des bras et mouvement linéaire, comme si ce dernier était véritablement le moteur du mouvement des bras, comme si le mouvement linéaire du bassin s'exprimait jusque dans les bras. Le mouvement linéaire permet une plus grande implication de soi, une plus grande présence ; en reliant

183

mouvement linéaire et mouvement des bras, nous mettons cette implication dans le geste, dans l'action.

Dans un deuxième temps, faites un mouvement des bras plus élaboré, plus expressif, plus libre — avec une participation des coudes, un délié des poignets... — mais toujours profondément relié au mouvement linéaire, y puisant son élan et le prolongeant dans une chorégraphie qui le dépasse.

Le mouvement linéaire a quelque chose d'immuable, d'absolu ; ici, le mouvement des bras s'enracine dans cet absolu, il le colore des spécificités de l'instant, et le personnalise.

Ce qui compte c'est de relier progressivement une motivation intérieure et une action qui s'extériorise, qui s'exprime.

Ce lien que nous construisons va se transférer aussi, petit à petit, dans nos actes du quotidien, grâce à l'attention posée sur notre implication dans nos gestes.

Sylvie a ainsi des problèmes de stabilité attentionnelle (elle perd le fil de ce qu'elle dit dans d'infinies parenthèses où elle finit par se perdre elle-même). Nous choisissons une séquence de mouvement associant une translation latérale de tout le corps, des pivots successifs des deux pieds et différents mouvements de bras coordonnés. L'objectif est de ne jamais perdre le lien avec la translation latérale (le fil conducteur), malgré les pivots (changements d'orientation), et en exprimant pleinement les mouvements de bras. Au début, au grand désarroi de Sylvie, il lui est impossible de réaliser l'exercice ; aussi prenons-nous le temps d'en décortiquer et d'en installer les différents constituants. Progressivement, Sylvie commence à coordonner la trame du mouvement et la chorégraphie des bras, sans se perdre, sans se désorienter. Elle gagne en stabilité et en présence. Mais ce qui me fait plaisir est de voir sa confiance se relancer bien au-delà du problème initial de l'expression verbale, irradiant vers d'autres secteurs de sa vie (son organisation professionnelle, la danse qu'elle pratique...).

Cette vigilance-là nous ramène toujours à la même nécessité : une présence à nous-mêmes, pour capter et évaluer tout au long du processus créatif les effets qu'il a sur nous.

Ceci est à la fois délicat – car cela nous oblige à nous regarder en face et à nous accepter tels que nous sommes –, et salvateur, car cela nous permet d'évoluer et de grandir.

Sortir des sensations d'impasse

Une motivation, c'est un motif d'agir, un moteur de l'action.

Garder au cours de l'action le lien avec ce qui la motive, c'est rester en prise avec le moteur de cette action.

Encore faut-il que le moteur soit à la hauteur de l'action à entreprendre ! Nous abordons là un aspect un peu plus subjectif de la question : qu'est-ce qu'une bonne motivation ?

En fait, quand je parle d'un aspect subjectif, je pourrais même dire un aspect « subversif » ; se pencher sur le bien-fondé de nos motivations est en effet un acte profondément subversif, car il risque fort de mettre à jour le décalage qui existe entre la vie dont nous avions rêvé et la réalité de ce que nous entreprenons.

Et pourtant, nos rêves sont-ils inaccessibles ? Sont-ils ou non réalistes, c'est-à-dire réalisables ? Avons-nous seulement tenté d'évaluer s'ils l'étaient ? Ou bien les avons-nous laissés dépérir par négligence ? Sur quels critères nos idées géniales sont-elles abandonnées ? C'est ici qu'on entre dans le subversif, car cela peut nous conduire à remettre en question des valeurs dont nous usons au quotidien, qui nous ont été inculquées, mais qui ne sont pas obligatoirement les nôtres.

Soyons simples : pas d'action efficace sans une motivation forte, en tout cas pour un inertifié notoire ! Cela implique qu'en parallèle de notre croisade anti-inertie, il nous faut entreprendre une croisade *pro-motivation*.

Pour cela, il nous faut procéder à un filtrage sévère des motivations qui nous animent en général.

Vous allez voir, c'est aussi simple que redoutable…

Nous devons d'abord resituer nos actions dans un objectif de création : ce qui compte n'est pas le but à atteindre mais l'action elle-même, ce que nous avons appelé le processus créatif ; ce qui importe n'est pas le résultat final, mais ce que nous vivons au cours de ce processus créatif : le plaisir qu'on y prend, l'effort qu'on y déploie, les effets qu'il a sur nous, la façon dont il nous fait évoluer, grandir, ce qu'il nous apporte…

Cette motivation-là ne doit jamais nous quitter !

Attention ; pour autant, une situation sans inconvénient n'existe pas : prendre du plaisir ne veut pas dire fuir l'obstacle. Se frotter à une difficulté ou à une contrainte est souvent générateur de créativité et nous invite à nous dépasser ; simplement, soyons attentifs aux événements qui composent le processus créatif en lui-même, à notre implication, notre attitude dans ce processus, aussi bien dans ses aspects les plus rebutants ou difficiles que dans ses phases les plus gratifiantes et les plus savoureuses.

Une chose est claire : si nous pouvons exprimer notre créativité dans ne serait-ce qu'une petite partie de nos activités, les contraintes et les inconvénients que nous rencontrons au quotidien nous pèsent beaucoup moins. C'est une première nécessité : on n'a pas toujours la vie qu'on voudrait, mais il suffit que 5 % de notre vie soit consacrée à ce qui nous passionne pour que le reste se passe un peu mieux. À l'inverse, si nous nous sentons enfermés dans des contraintes sans *jamais* pouvoir y échapper, s'il n'y a pas dans notre vie un seul secteur où nous nous sentons libres d'exprimer qui nous sommes vraiment, alors la moindre difficulté nous paraîtra bien lourde.

Il faut savoir que le sentiment d'être dans une impasse est ce qu'il y a de plus difficile à gérer. Nous traversons tous des phases difficiles, mais tant qu'on aperçoit une porte de sortie, même lointaine, même étroite, on fait face. En revanche, une sensation d'impasse totale, sans aucune issue envisageable, tend à couper tout élan, toute impulsion...

Seulement, les impasses, ça n'existe pas. Il y a toujours une porte de sortie qu'on n'avait pas vue.

Si nous avons tendance à nous focaliser sur un problème, nous pouvons travailler en mouvement sur l'exploration de nouvelles orientations, par les rotations et l'ouverture spatiale de notre attention, par le jeu du regard.

Exercice

Faites quelques mouvements de base en position assise, pour installer lenteur et relâchement. Ensuite, en position neutre, les yeux fermés, tournez lentement la tête vers la gauche ; en bout de mouvement, faites un point d'appui qui vous invitera à repartir en sens inverse. Au début, seule la tête effectue le mouvement, puis progressivement la colonne cervicale participe, puis l'ensemble du tronc ; soyez attentifs à ce que chaque vertèbre explore toute l'amplitude dont elle est capable.

Tout en gardant les yeux fermés, posez votre attention sur l'angle que balaie votre regard, comme si celui-ci glissait dans l'air ambiant et se promenait sur votre environnement avec lenteur et curiosité.

Il s'agit d'utiliser toutes vos possibilités de mouvement avec l'intention de regarder dans des directions nouvelles ; cette intention doit sous-tendre l'exercice.

Agir sur la modulation tonique de la tête et du cou – dans une optique d'ouverture attentionnelle et de plus grande liberté de regard – sera tout indiqué dès que nous avons un regard fermé sur une situation, dès qu'un problème nous préoccupe au point de monopoliser nos pensées et d'inhiber toute initiative, dès que nous nous sentons enfermés dans une situation insoluble. D'une manière générale, quand nous pensons n'avoir plus le choix, c'est bien souvent que, pour toutes sortes de raisons assez peu conscientes, nous restreignons le champ des possibles. Cet exercice d'ouverture du regard à des orientations différentes est aussi un moyen de nous ouvrir à d'autres possibilités.

Exercice

Nous pouvons choisir de changer de regard sur une situation incontournable en reprenant l'exercice de translation latérale, mais avec une intention spécifique. Gardons cette fois les yeux ouverts. La direction du regard ne varie pas, elle accompagne le mouvement. En position debout, nous réalisons un glissement de droite à gauche et de gauche à droite de tout le corps.

La translation latérale nous permet de voir ce qu'il y a derrière les choses, d'accéder aux parties à première vue masquées de la situation ; elle donne du relief à ce que nous voyons devant nous.

La qualité du vécu intérieur et l'attention à ce que déclenche cet exercice peuvent réellement nous ouvrir de nouvelles perspectives, dans tous les sens du terme...

Cet exercice est particulièrement indiqué quand nous avons une vision restrictive d'une situation, quand nous sommes focalisés sur un seul aspect des choses sans en appréhender l'arrière-scène, quand nous manquons singulièrement de profondeur de champ et que cela nous prive d'une vision plus panoramique des choses.

Les effets d'un travail de cet ordre se font sentir dans le temps ; peu à peu, le regard ne se focalise plus sur un seul aspect des situations, et une réelle capacité à regarder les choses selon des points de vue différents apparaît. Nous développons ainsi une aptitude à accéder à de nouveaux points de vue, comme si la pensée elle-même se malléabilisait. Le plus étonnant est que nous ne réalisons pas toujours le changement, tant celui-ci se fait naturellement ; simplement, ce qui était impossible hier devient aujourd'hui envisageable.

La vie, vous en attendez quoi ?

Revenons maintenant à nos motivations.

Puisqu'aucune fée n'a, semble-t-il, daigné se pencher sur notre berceau, il ne nous reste qu'à le faire nous-mêmes. Penchons-nous donc, d'un air béat et attendri, sur le berceau de nos actions : leur motivation. Regardons ce qui motive nos actions, le *pour quoi* nous faisons les choses.

Avant même de commencer la journée, qu'aucun de nos actes n'échappe à l'inquisitrice question : pour quoi fais-je cela ?

Oui, même se lever peut avoir un sens et être un acte authentique. D'accord, ce n'est pas évident pour ceux qui se lèvent avant d'être vraiment réveillés, mais se lever en ayant un but est très constructif, et particulièrement gratifiant pour le corps !

Se poser la question pour chacun des actes les plus anodins de notre journée peut paraître artificiel ; mais cela nous permet de vraiment apprécier d'agir en sachant pour quoi. Nous apprenons à nous imprégner du goût subtil non pas de ce que l'on fait, mais bien du fait d'agir en connaissance de cause, ou plus exactement en connaissance de motivation.

Mais le véritable intérêt est évidemment de se poser la question du pour quoi à propos d'actes beaucoup plus importants et plus fondamentaux. Cela peut concerner les orientations professionnelles, les choix de vie, etc. Là, pas de demi-mesure : il nous faut sincèrement regarder en face nos motivations, tout ce qui relève de notre inertie, confort ou manque de courage, tout ce qui fait qu'une situation perdure alors qu'au fond, elle devrait nous faire fuir...

« L'homme est le seul animal qui sait qu'il mourra. Et c'est aussi le seul qui agisse comme s'il ne devait jamais mourir ».[1] nous dit Gustave Thibon.

---

1. Thibon G., *op. cit.*

Imaginons un instant que nous connaissions la date de notre mort.

Imaginons un instant que cette date soit, hélas, prochaine. Quelques mois, un an…

Qu'est-ce que cela changerait dans notre façon de vivre ?

Je pose parfois à certains patients cette question : quel serait votre regret le plus fondamental si votre vie devait s'achever prochainement ? Qu'auriez-vous vraiment souhaité réaliser ? Le vrai regret qui vous fait vous demander si vous n'avez pas gâché votre vie, ou du moins si vous n'êtes pas passé à côté de quelque chose d'essentiel pour vous ?

Posez-vous la question, là, maintenant !

Imaginez que le temps qui vous était imparti sur terre est écoulé, et que vous essayez de négocier en disant : « Allons, j'aurais tellement voulu faire ceci ! » ; soyez sincère, cherchez le regret, l'argument qui serait un cri du cœur.

Vous y êtes ?

Vous l'avez ?

Alors, qu'est-ce qui vous empêche de le réaliser ? Qu'est-ce qui vous empêche d'au moins vous mettre en route pour tendre vers sa réalisation ?

Qu'est-ce qu'il y a de si important qui soit plus important que le truc le plus important de votre vie ? À part votre vie elle-même s'entend…

C'est sûr, c'est une question subversive.

Ce genre de question est à réserver aux grandes occasions, aux virages importants ou aux fonds (voire aux tréfonds) de gouffre. Elles sont à manier avec délicatesse, et pas tous les jours. Mais elles permettent de beaucoup relativiser et de se resituer dans ses choix ; de savoir pourquoi on a fait tel choix de vie même s'il n'est pas toujours facile, ou au contraire se rappeler pourquoi on n'a pas fait ce choix, même s'il fait toujours rêver.

Le plus souvent, les vraies raisons de nos choix, et surtout de nos non-choix, nous les connaissons bien.

Nous avons juste quelques difficultés à les regarder en face. Elles sont masquées par un ensemble de camouflages que nous avons soigneusement mis en place au fil des ans. Mais du fait de ces camouflages, nous voici à présent coupés de nos motivations. Les regarder en face, ça veut simplement dire devoir, ou plutôt pouvoir, les assumer.

Refaire le choix, en toute connaissance de cause.

Et si nous ne sommes pas prêts ce jour-là pour la grande aventure, aucun problème : cela nous permet simplement de valider et de mieux goûter tout ce qui nous retient.

Savoir ce qui est important dans notre vie, dégager une priorité, une seule, c'est alléger la mise en action ; parce qu'en dehors de cette chose-là, le reste n'est qu'accessoire, parce qu'ainsi la peur de perdre ou de rater quelque chose devient annexe, secondaire.

Ça ne veut pas dire que tout est permis, mais que tous les espoirs sont permis. Ça ne signifie pas qu'il ne faut pas réfléchir, mais qu'il faut laisser vivre ses élans.

Ça veut surtout dire que la vie est courte, et qu'il ne faut pas la rater…

Conclusion

C'est du bonheur d'être bouleversé et de ne plus rien savoir. Mais avoir encore un petit coin de conscience qui toujours sait ce qui se passe (…), n'est-ce pas du bonheur ? Il y a un petit coin qui ne vibre pas, mais ce petit coin reste le témoin de la joie ressentie. C'est lui qui se souvient et qui peut dire : j'ai été heureux et je sais pourquoi. Je veux bien perdre la tête, mais je veux saisir le moment où je perds la tête et pousser la connaissance au plus loin de la conscience qui abdique. Il ne faut pas être absent de son bonheur.
Marcelle SAUVAGEOT

Ci-gît feu mon inertie.

Cette phrase-là, cette épitaphe, je crois que nous ne pouvons jamais la dire ; nous ne pouvons pas affirmer cela de manière péremptoire. Dans nos moments de doute, dans nos phases difficiles, dans nos périodes de mutation, notre inertie tentera toujours de refaire surface. Elle fait partie de nous.

Mais ce qui nous importe, ce n'est pas de la voir disparaître à jamais, c'est d'apprendre à vivre avec elle, de faire en sorte qu'elle ne nous empoisonne plus la vie, qu'elle ne soit plus une entrave permanente à notre créativité, à notre envie d'entreprendre.

L'inertie a aussi du bon

L'inertie ne présente pas que des inconvénients, elle offre aussi des avantages dont il ne faut pas se couper. C'est une forme de sécurité, qui empêche parfois de se précipiter tête baissée dans une action irréfléchie.

Elle offre un temps de latence qui permet de peser le pour et le contre. Elle empêche de se tuer à la tâche – voilà un danger qui ne guettera jamais un inertifié, même après avoir suivi toutes les propositions de ce livre !

De plus, la personne qui souffre d'inertie compense souvent cette dernière par une réelle capacité à saisir les opportunités qui se présentent, par une aptitude à tirer parti d'une situation qu'elle n'a pas déclenchée, mais qu'elle saura exploiter au mieux. Elle possède aussi, parfois, un certain art de vivre, ou du moins une certaine conception de l'existence, la recherche d'une qualité de vie.

Ces différents aspects de la personnalité de l'inertifié s'apparentent plus à des atouts qu'à des défauts, mais ils ne révèlent tout leur intérêt que dans le rapport à l'action. Encore faut-il qu'il y ait action, ce qui implique d'avoir surmonté le symptôme le plus aigu de l'inertie : la tendance à l'inaction.

Et puis, il importe que ces points positifs de l'inertie puissent s'exercer en toute connaissance de cause, ce qui rejoint notre propos du début : il est nécessaire, pour cela, de s'approprier son inertie, de la reconnaître comme sienne.

Comme la plupart de nos traits de caractère, l'inertie peut se révéler autant une qualité qu'un défaut si l'on sait la faire évoluer, la mettre en mouvement, et si l'on évite d'y être enfermé.

Après tout, le monde a toujours compté des contemplatifs et ceux-ci servent parfois de contrepoids à la folie du monde. L'inertie peut être belle, à condition que ce soit la sagesse et l'art de vivre qui priment, et non l'inaction ; à condition qu'il s'agisse d'un choix et non d'un enfermement. Or, peut-on parler d'un choix de vie si l'on est incapable d'adopter une autre stratégie, une autre attitude ?

L'inertie doit donc mourir en tant qu'enfermement. Au fil du temps, si cela correspond à une aspiration profonde, de la souche de cette inertie pourra naître un refus du tourbillon que la société nous propose, un refus clairement et consciemment choisi, un refus générateur de sens et d'action. De fait, il ne s'agira même pas d'un refus, plutôt d'une exigence intérieure assumée. Cela doit tendre vers une affirmation de soi, vers l'affirmation d'une conviction que le temps est ce que nous avons de plus précieux, qu'il nous faut en goûter la moindre miette, la moindre seconde.

Une philosophie de vie

Goûter le temps qui passe et apprécier le monde, cela ne se fait ni en courant, ni en restant à l'arrêt. Le temps est une chose bien paradoxale ; ce n'est pas une donnée linéaire, il ne défile pas à la même vitesse pour tous. Nous avons parfois la désagréable sensation que notre vie nous échappe, que nous ne maîtrisons plus rien et que nous sommes ballottés par les événements : notre vie nous mène et nous courons après.

Or le paradoxe est qu'on ne redevient pas acteur de sa vie en allant plus vite, mais au contraire en ralentissant.

La lenteur et l'attention portée au contenu de ce qui se déroule nous font accéder à une perception précoce, anticipée de l'action. Elles permettent une observation des détails qui constituent un acte, une observation au cœur même de l'action, mais sans perdre de vue l'ensemble, l'essentiel, un point de vue externe de soi au cœur de soi.

En gardant une attention perceptive à ce qui est, nous nous familiarisons avec l'imprévisible et nous nous détachons ainsi d'un résultat hypothétique et trop attendu, d'un fonctionnement où tout est jaugé par avance selon les critères de nos attentes.

Par cette attention aux détails du mouvement, par la pleine mesure de leur importance – et même de leur nécessité pour une juste et complète expression de ce que nous sommes – nous réalisons davantage ce qui constitue notre vie.

Choisir de porter notre attention sur notre modulation interne et ses effets, sur sa résonance en nous, percevoir une relation à un moi agissant, par l'intermédiaire du mouvement ressenti, c'est accéder à un lieu unique, racine de qui nous sommes.

Depuis ce lieu, nous pouvons entrer en résonance avec l'événement, le laisser nous pénétrer, nous enseigner, nous faire évoluer, et nous faire grandir. L'événement n'est plus extérieur, il me voit, me respire, me touche... Et parce qu'il me touche profondément, il me transforme.

Dans ce lieu-là, je vis, vraiment, et l'indifférence seule me devient étrangère.

Notre existence – le temps qui passe – constitue un processus de transformation : nous changeons au fil du temps. Cette évolution, nous pouvons la subir ou y participer activement. Pas en étant un hyperactif – ce n'est pas notre nature – mais plutôt en devenant un « hyper-contemplatif » ou un contemplatif agissant, en faisant en sorte que pas un détail de notre vie n'échappe à notre vigilance.

C'est vrai, cela demande un réel effort, mais puisque l'enjeu est de vivre, au lieu de simplement passer, cela en vaut la peine.

L'enjeu n'est effectivement plus la résolution d'un travers comportemental, il est bien plus de s'ouvrir de nouvelles perspectives de vie.

Oui, c'est cela, ne plus simplement passer, mais vivre.

Sortir de nos habitudes et laisser le monde entrer en nous.

Devenir soi, enfin.

Occuper l'espace, ou plutôt l'explorer, l'investir au-delà des limites que nous fixe notre négligence ou notre confort.

Sentir la caresse du temps qui s'écoule et nous invite à vivre.

Réaliser. Réaliser des projets, des rêves d'adulte... Prendre enfin conscience que rien n'est comme on croit, réaliser le prix des petites choses ou la vanité des grandes.

Se réaliser soi, être chaque jour le spectateur, l'acteur et l'auteur de sa propre vie.

Sites

Pour découvrir la somato-psychopédagogie :
- http://www.somato-psychopedagogie.com/

Sur la fasciathérapie :
- http://www.fasciatherapie.com/

Pour en savoir plus sur les intolérances au gluten ou à la caséine du lait :
- http://www.filariane.org

IEDM : Institut européen de diététique et micronutrition :
- http://www.iedm.asso.fr/

Le site du laboratoire Pileje qui propose souvent des dossiers intéressants (échos de la micronutrition) :
- http://www.pileje.com

Association française du syndrome de fatigue chronique et de fibromyalgie :
- http://asso.nordnet.fr/cfs-spid

Bibliographie

ALBERT E., EMERY J.-L., *Au lieu de motiver, Mettez-vous donc à coacher !*, Éditions d'Organisation, 1999.

BERGER E., *Le mouvement dans tous ses états*, Point d'Appui, 2000.

BERGER E., *La somato-psychopédagogie*, Point d'Appui, 2006.

BERTHOZ A., *Le sens du mouvement*, Odile Jacob, 1997.

BOIS D., *Le sensible et le mouvement,* Point d'Appui, 2001.

BOIS D., *Un effort pour être heureux*, Point d'Appui, 2002.

BOIS D., *Le moi renouvelé : introduction à la somato-psychopédagogie*, Point d'Appui, 2006.

BOSCAINI, « Le tonus : une fonction de synthèse corps esprit », in *Évolutions psychomotrices* n° 19, 1993.

BURCKEL A., *Les bienfaits du régime crétois*, J'ai lu, 1999.

CÉZANNE P., *Correspondance*, Grasset, 1995.

COUDRON O., *Les rythmes du corps*, Nil éditions, 1997.

COURRAUD C., *Attention et performance*, Point d'Appui, 2002.

COURRAUD-BOURHIS H., *Le sens de l'équilibre*, Point d'Appui, 2002.

CSIKSZENTMIHALYI M., *Vivre : la psychologie du bonheur*, Robert Laffont, 2004.

DAMASIO A., *L'erreur de Descartes*, Odile Jacob, 2006.

DAMASIO A., *Le sentiment même de soi : corps, émotions, conscience*, Odile Jacob, 2002.

DESANTI J.-T., *Introduction à la phénoménologie*, Folio essais, 1994.

DORTIER J.-F., *Le cerveau et la pensée*, Éditions Sciences Humaines, 1999.

ÉPICURE, *Lettre sur le bonheur*, Mille et une nuits, 1993.

ESCHALIER I., *La fasciathérapie*, Le Cherche Midi, 2005.

JULLIEN F., *Traité de l'efficacité*, Grasset, 1997.

JULLIEN F., *Un sage est sans idée, ou l'autre de la philosophie*, Seuil, 1998.

LEÃO M., *La présence totale au mouvement*, Point d'Appui, 2003.

LELORD F., ANDRÉ C., *L'estime de soi*, Odile Jacob, 2001.

MAINE de BIRAN, *Œuvres complètes*, Vrin, Slatkine, 1982.

MINKOWSKI E., *Écrits cliniques*, Érès, 2002.

NOËL A., *La gymnastique sensorielle*, Point d'Appui, 2000.

RIBOT T., *Les maladies de la volonté*, L'Harmattan, 2002.

RIBOT T., *La Psychologie des sentiments*, L'Harmattan, 2005.

RICHARD D., ORSAL D., *Neurophysiologie : motricité et grandes fonctions du système nerveux central*, Nathan, 1994.

RICHARDS T., *Travailler avec Grotowski*, Actes Sud, 1995.

RICHÉ D., CHOS D., *Diététique et micronutrition du sportif*, Vigot, 2002.

ROLL J.-P. et ROLL R. « Le sixième sens », *Science et Vie* n° 195, juin 1996.

ROLL J.-P., « Sensibilités cutanées et musculaires » in Richelle M., Requin J. et Robert M., *Traité de psychologie expérimentale*, PUF, 1994.

ROSENFELD I., *Une anatomie de la conscience*, Flammarion, 1996.

SACKS O., *L'homme qui prenait sa femme pour un chapeau*, Seuil, 1992.

THIBON G., *L'ignorance étoilée*, Fayard, 1974.

WEIL S., *La pesanteur et la grâce*, Plon, 2002.

ZAZZO R., « Du corps à l'âme, les réponses de Wallon et de Freud », *Psychologie et Marxisme, la vie et l'œuvre d'Henri Wallon*, Denoël-Gonthier, 1975.

www.ingramcontent.com/pod-product-compliance
Lightning Source LLC
Chambersburg PA
CBHW070522200326
41519CB00013B/2892